ÉLOGE DE LA PROSPECTIVE

Point d'étape de travaux de prospective depuis cinquante années, en France et dans le monde

Collection « Inter-National »
dirigée par Denis Rolland, Joëlle Chassin Françoise Dekowski et Marie-Hélène Touzalin

Cette collection a pour vocation de présenter les études les plus récentes sur les institutions, les politiques publiques et les forces politiques et culturelles à l'œuvre aujourd'hui. Au croisement des disciplines juridiques, des sciences politiques, des relations internationales, de l'histoire et de l'anthropologie, elle se propose, dans une perspective pluridisciplinaire, d'éclairer les enjeux de la scène mondiale et européenne.

Dernières parutions

Frédéric BOURDIER, *Temps de guerre, temps de révolte chez les populations autochtones du Cambodge. Première assise populaire khmère rouge à Ratanakiri (1967-1971)*, 2020.
Enzo FASQUELLE, *Les intérimaires du risque : sécurités privées en Afrique de l'Ouest*, 2020.
Michel FABREGUET et Danièle HENKY (dir.), *Les « héros du retrait » dans les mémoires et les représentations de l'Europe contemporaine. Histoire et fictions,* 2020.
Diana MKRTCHYAN (dir.), *Journal d'une classe. Arménie 1988*, 2020.
Jean-Luc MATHIEU, *L'institution du Défenseur des droits*, 2020.
Élodie REMY, *Réfugiés : l'hébergement chez des particuliers. Des liens qui rendent libres ?*, 2020.
Garik GALSTYAN, *L'écologie en Arménie, Le lac Sevan et l'émergence du mouvement écologiste*, 2020.
Jérôme TOURBEAUX, *Les micro-États européens à l'épreuve de la modernité. Enjeux socio-démographiques*, 2020.
Jean-Pierre SCHAEKEN-WILLEMOERS, *Le gaz au-delà de 2050 ?*, 2020.
Cyriaque ESSEBA, René BIDIAS (dir.), *Comprendre les relations internationales contemporaines. Mélanges offerts au professeur Jean Koufan Menkéné*, 2020.

Jacques de Courson

ÉLOGE DE LA PROSPECTIVE

Point d'étape de travaux de prospective depuis cinquante années, en France et dans le monde

L'Harmattan

5-7, rue de l'Ecole-Polytechnique, 75005 Paris

http://www.editions-harmattan.fr

ISBN : 978-2-343-21696-6
EAN : 9782343216966

Et demain ?

Sait-on jamais !

Ou bien…

Si…

Peut-être, et alors ?

Et après-demain ?

Sauf que…

Et pourquoi pas ?

Mais selon un autre scénario…

À condition que…

Mais encore ?

Cet ouvrage est dédié à **Jacques Poulet-Mathis**.
1929-2017

« *Il fut le premier à me parler du futur de « sa » région, à Lille, en décembre 1967. Grâce à lui, je n'ai plus jamais cessé de penser à l'avenir. Ce fut le bonheur constant de ma vie intellectuelle, scientifique et professionnelle, en France et dans le monde entier.* »

Jacques de Courson
Co-fondateur de la Société Française de Prospective (SFdP) et fondateur de l'ONG Urbanistes du Monde, docteur en économie et ancien élève de l'Institut d'Urbanisme de Paris, directeur adjoint de l'Agence d'Urbanisme de Lyon, consultant chez Ten puis Algoé, et ancien « professeur invité » aux universités de Sao Paulo et Curitiba (Brésil).

« *Le paradoxe de l'avenir vient de ce que nous ne pouvons pas (...) le « connaître », mais qu'il nous faut trouver les moyens de vivre et d'agir en ne le connaissant pas.* »

Riel Miller,
Économiste canadien et fonctionnaire international,
Directeur de la prospective à l'Unesco à Paris
Extrait de « Anticipation : la discipline de l'incertitude », in « La prospective stratégique en action », Odile Jacob, 2018

---

*Un grand merci à **François Rousseau** pour ses encouragements, ses suggestions et son accompagnement dans la réalisation de ce livre.*

François Rousseau
Sociologue, consultant, administrateur de la Société Française de Prospective.

CHER LECTEUR IMPRUDENT

Où va le monde? Que va-t-il se passer demain, ici et ailleurs? Qui sait, même approximativement, ce qui va advenir au delà, après-demain? Que disent les savants? Est ce que quelqu'un sait même quelque chose de sûr dans ce domaine, qui soit prouvé? Comment anticiper sur ce qui vient et dont personne ne sait rien? Est-ce si important de savoir, ou au moins d'essayer de savoir, quelque chose en cette matière? En quoi consiste la prospective, la discipline intellectuelle qui s'intéresse au futur? Est-elle l'inverse de l'histoire qui ne se soucie que du passé? Peut-on se passer de penser le futur?

Ce livre a pour objet de tirer le bilan les leçons d'une pratique intensive de la prospective par l'auteur (recherche, enseignement, conseil, écriture) depuis cinquante années, en France et à l'étranger, à la demande de gouvernements et d'universités étrangères (à Québec, Chicoutimi, Bogota, Fortaleza, Joao Pessoa, Sao Paulo, Curitiba, Addis-Abeba, Rabat, Tunis, Kaboul, Namur, Québec), de villes et de régions (une centaine en France et à l'étranger), d'établissements d'enseignement supérieur français (Sciences Po, Université Paris XII, Conservatoire National des Arts et Métiers, École des Ponts et Chaussés, Université de Compiègne, Universités de Lyon II et III, Instituts d'Urbanisme de Lille, Lyon et Toulouse) et étrangers (Universités de Sao Paulo, Curitiba, Bogota, Lausanne et Montevideo), du *think tank* « Futuribles », des ministères de L'Équipement et des Affaires étrangères du gouvernement français et du Sénat de la République française.

Ce livre n'est donc pas une thèse et encore moins un « traité », mais le récit de cinquante années d'exercice d'un métier, à l'époque neuf, peu exploré, difficile et peu répandu : celui de « prospectiviste », d'explorateur des avenirs possibles et souhaitables.

PRÉCISIONS SÉMANTIQUES SUR LES MOTS UTILISÉS DANS CE LIVRE

Je considère la prospective comme la discipline de l'intelligence du futur. En France, c'est une inter-discipline non encore autonome, à cheval entre plusieurs disciplines-mères. Elle a pour objet de «penser» (ni inventer, ni imaginer, ni deviner) les temps à venir et de les décrire (comprendre?) pour les hommes d'aujourd'hui, donc d'anticiper sur le «vide» (le mystère?) de nos existences à venir. Mais ce n'est pas – comme le disent et écrivent certains de mes collègues une «indiscipline» -, ce qui tendrait à la qualifier de discipline peu sérieuse, assez «indisciplinée» (dans le sens commun des reproches faits aux enfants) et donc fragile, peu fondée intellectuellement et scientifiquement. Je ne le crois pas et pense même que la prospective est devenue mure, et va devenir une vraie discipline scientifique autonome. Tous les étrangers, que j'ai rencontrés en France ou chez eux, attendent beaucoup de la France dans ce domaine, où la France est reconnue comme pionnière et leader par les étrangers.

Pour les curieux, j'ai écrit trois livres de méthode, dont deux seul (« La prospective des territoires », Éditions du CERTU, ministère de l'Équipement, 1999 ; et « L'appétit du futur. Voyage au cœur de la prospective ». Éditions Charles Leopold Mayer, Paris/Lausanne, 2005), et le troisième, également publié par le ministère de l'ex-Équipement : « Quiz pour conduire un exercice de prospective territoriale », avec Fabienne Goux-Baudiment et Agnès Soulet. Mais ces ouvrages de méthode appliquée sont relatifs à l'urbanisme et aux « territoires », mon métier. Ils n'ont connu qu'une diffusion limitée aux services de l'État auxquels ils étaient destinés. Chacun peut s'inscrire aux sessions de formation à la prospective du CNAM et de « Futuribles » et lire les ouvrages de mes confrères, mais qui ne sont guère nombreux. J'ai concentré dans le chapitre 4 de ce livre l'essentiel de mon

« ingénierie prospective » personnelle, validée après une longue pratique en France et à l'étranger, à laquelle le lecteur pourra se reporter. La prospective est totalement ignorée par l'Université française.

La prospective est hélas pour beaucoup - et en tout cas pour l'opinion non avertie - considérée comme une discipline peu sérieuse, en particulier par les tenants des sciences « dures », les universitaires, les journalistes et les historiens. De plus l'expression « indiscipline » pour qualifier la prospective ferait penser qu'elle est transgressive, aléatoire, « magique » diraient les enfants, alors que la *« future science »* et le *« foresight »* dans les pays de langue anglaise, sont des disciplines majeures, enseignées et respectées. Tout notre effort est de prouver et illustrer par des exemples tout au long du livre la solidité intellectuelle de la « prospective à la française ».

Mais surtout dire comme certains de nos confrères que la prospective est « stratégique » est une contradiction dans les termes et non un oxymore (comme dans un « silence éloquent »), la prospective n'ayant rien à voir avec la stratégie, concept militaire à l'origine, devenu un terme de « management », signifiant la « mise en œuvre de moyens pour atteindre une fin » dit le dictionnaire ou même l'équivalent d'« important » dans le vocabulaire courant (exemple : une décision stratégique). Que la prospective permette d'aider parfois à définir une stratégie qui engagerait l'avenir est une chose ; mais confondre deux mots de sens différent dans une expression composite est une usurpation dangereuse d'identité de ces deux mots dans leur sens même, qui en étant réunis appauvrit la prospective elle-même. C'est une discipline qui n'a pas besoin d'être qualifiée de « stratégique » ou « opérationnelle » pour exister seule. La prospective est une discipline de l'intelligence du futur et non un engagement dans le temps pour réaliser un projet, ce qu'est la stratégie.

Aujourd'hui, soudain, comme au temps de l'an 1000 puis de l'an 2000, panique dans les états-majors économiques, politiques, scientifiques, intellectuels et savants. Victor Hugo aurait posé la question: « De quoi demain sera-t-il fait ? » Aujourd'hui, du moins en France, l'opinion s'émeut et s'interroge : que se passe-t-il ? Qu'est ce qui nous attend au delà d'aujourd'hui ? Où va-t-on ? Est-on « en transition » ou au « creux de la vague », ou bien en attente d'une nouvelle « crise », au début d'un nouveau « cycle », d'une prochaine « rupture », au seuil d'une nouvelle « catastrophe » ou d'un « hyper-conflit » comme disent les devins ? Éric Fottorino, dans le « 1 » titre : « Les gilets jaunes. Et après ? » (novembre 2019)

Sommes nous (presque ? bientôt ?) dans l'attente d'un nouveau et plus puissant encore « tsunami » que l'épidémie du coronavirus, dont nul ne sait rien, ni quoi, ni où, ni comment, ni pourquoi, ni surtout quand elle prendra fin ? Que disent les savants ? Les magiciens, les « intellectuels », les scientifiques et les artistes ? Cher lecteur imprudent, si vous continuez de vous soucier de l'avenir, sachez que vous allez être moqué, voire condamné par les gens « sérieux » qui ne s'occupent que d'aujourd'hui, voire d'hier, ce qui est plus prudent et moins risqué.

Nous vivons en effet une curieuse époque qui parie sur une « dérive » du malheur, sur la prochaine apparition de menaces (entre autre climatiques et sanitaires), et surtout sur le vide, l'absence de certitudes, la « science » menaçant la terre et l'humanité de se disloquer, voire de disparaître. Faut-il donc croire que seule l'apocalypse est possible et que la fin des temps est proche selon certains ? Ou même - sans nous en rendre compte - est-ce que la catastrophe n'est pas déjà engagée, sans rémission ni retour en arrière possible, et en pire cette fois ? Certains le pensent ou le démontrent même très sérieusement.

Faut-il donc s'affoler, émigrer, s'enfermer dans un couvent, une secte ou un laboratoire ? Serions-nous sans « espérance », dans le doute et la crainte, et sans appétit pour demain ? Seule certitude : notre avenir nous fait peur, seulement regardé dans un rétroviseur par les historiens des catastrophes, les journalistes d'investigation, les analystes des « signaux faibles » et les confidences des « indicateurs d'alerte ». A partir de là, **est-ce**

que notre avenir nous angoisse au point de le nier, de refuser même de le penser ? Où sont les maitres, les prophètes et les fous ? Que disent les devins assermentés? Qui pense au futur? Est ce que le gouvernement de notre pays s'en soucie? Est-ce que les prophètes ne sont pas tout simplement âgés, fatigués, las de répéter que la planète est fragile, que le niveau de la mer monte inexorablement et que la famine guette.

J'ai choisi d'écrire un livre sur ce qui m'a donné tant de bonheur: la « pensée » du futur. Mais j'ai bien conscience que je serai peut-être le seul à le lire. Peu importe. Je n'ai pas encore l'âge d'écrire mes mémoires. Mais je me suis dit que « ça valait le coup » - comme on disait après guerre - d'écrire, pour ne pas l'oublier, ce que je sais de la prospective. Et comment s'y prendre pour « entrer en prospective » en tirant les leçons de ceux – nullement célèbres à l'époque – qui m'en ont donné le goût. Et d'abord peut-on penser « l'après », se poser la question la plus fondamentale : qu'est-ce qui nous attend, nous fascine ou nous exaspère: « Quoi ? L'Éternité » (Arthur Rimbaud et Marguerite Yourcenar)

Or je constate qu'aujourd'hui, partout dans le monde, sans crier gare, et même en France, l'avenir est soudain un sujet « tendance ». Je m'en réjouis. Il fait les gros titres des magazines, des livres et des films. La « révolution » (comme le titrait sans vergogne le candidat Emmanuel Macron) est-elle pour « demain » (le film de 2015 portant ce titre et le news trimestriel) ? Elle a d'ailleurs déjà commencé en France depuis juin 2017 en politique, mettant tout cul par dessus tête (partis, parlementaires, hommes politiques, programmes, langage même).

Au delà, qui s'occupe d'après-demain, sérieusement, scientifiquement, professionnellement? **Y a-t-il un pilote du « futur » ?** Ou plusieurs ? Peut-on penser et pas seulement rêver ou prévenir ce qui va « nous tomber sur la tête » ? Peut-on croire les bonimenteurs qui nous annoncent, sans aucune preuve, une prochaine catastrophe ou une prochaine « crise » ? Que dit mon horoscope, la télévision et les experts? Et moi dans tout ça?

Même Jean-Louis Servan-Schreiber s'affole et s'emmêle, après avoir rencontré vingt et un « grands esprits », tous français (aucun étranger !), pour titrer un nouveau livre de marketing intitulé : « L'Humanité, apothéose ou apocalypse ? » (Fayard, 2017). Décidemment, rien ne va plus... Faut-il avoir vraiment peur ? Et de quoi ?

Familier de la « pensée inverse » et du paradoxe, j'ai dans ce livre « anticipé » la réponse à cette questions grave en prenant un peu de distance sur le seul présent, essayant d''y répondre avec l'aide de quelques confrères en prospective. Comme le disait Érasme avec son « Éloge de la folie » (1511), et son ami Thomas More un peu plus tard avec « L'Utopie » (1516), prenons un peu d'avance sur nos contemporains, qui préfèrent se lamenter, revenir sur un passé mort à tout jamais, ignorent le futur qui vient et prédisent le pire pour ne pas être naïf ou ridicule en risquant de se tromper. **Faisons d'abord, les yeux ouverts, « l'éloge du futur », l'éloge de ce qui n'existe pas, ou du moins pas encore, mais dont nous savons seulement qu'il viendra, et dont – naturellement - nous ne savons rien.** La voie est libre – c'est une première certitude réconfortante, dans un océan d'incertitudes - pour « penser » le futur, puisque personne n'est jamais revenu du futur.

D'expérience longue, j'estime possible non pas de « deviner » l'avenir à partir du passé, du présent, « au doigt mouillé » ou en consultant Bison Futé, mon horoscope, une voyante et - plus sérieux - la dernière livraison de la revue « Futuribles » et du « Centre d'Analyse, de Prospective et de Stratégie (CAPS) du ministère des Affaires Étrangères. Même si nous savons qu'ils peuvent se tromper, commençons par le penser à partir d'aujourd'hui, avec ce que nous avons « en portefeuille », en bibliothèque (rayon « Futurologie ») ou dans la mémoire de nos ordinateurs.

C'est l'objet de ce livre, bilan de cinquante années de travail au contact des prospectivistes de notre temps, en France et dans le monde. Au seuil du « nouveau siècle du futur » - cent ans après « L'éloge de la folie » et après « *Utopia* », écrits par les deux amis Érasme et More - je ne crains pas d'intituler ce livre par un sous-titre un rien provocateur: « Éloge de la prospective». Car curieusement – c'est l'un des paradoxes de la pensée prospective – plus l'histoire s'accélère, ou semble s'accélérer – plus nous voyons clair non sur ce qui va advenir (la prévision, toujours fausse par nature, car toujours aléatoire) mais sur ce qui pourrait se passer (la prospective, plus réaliste).

Commençons donc par non pas « dire le futur » - comme le ferait une bohémienne dans les lignes de la main ou un prévisionniste imprudent - mais par en faire l'éloge, en le regardant, ce à quoi nous encourage Riel Miller, directeur de la prospective à l'Unesco. Gaston Berger disait déjà en 1950 : « Regarder l'avenir le change ». Essayons.

Avant de commencer ce bilan d'expérience d'un demi-siècle, je vous indique, pour vous donner envie de me lire, une conviction : en regardant en avant du présent, vers l'avenir proche ou lointain, vous allez - comme ce fut le cas pour moi - consolider votre présent et vous rassurer sur ce qui risque d'advenir, pour vous, votre famille, votre job et votre pays. **La prospective vous ôtera en effet quelque temps au moins la hantise d'un futur incertain, que tous vous prédisent calamiteux, si ce n'est catastrophique. Vous pourrez un peu mieux en tout cas, sans regret du passé, « lever le nez du guidon », vous mettre à l'abri ou contre attaquer « en bascule avant », au mieux espérer activement et construire votre projet.**

Je vais tenter, avec l'aide de savants et prophètes qui viendront à mon secours tout au long de ce livre, de faire mentir les billevesées des « prévisionnistes » en soumettant à vos critiques non un traité de futurologie pour « les nuls » mais, sur la base de mes travaux, écrits, enseignements et expérimentations depuis cinquante années, un essai, au sens plein du terme : **dire avec des mots ce que m'a enseigné la prospective comme outil intellectuel**. Je vais tenter non de livrer au lecteur imprudent une manière de dire le futur (tous l'ignorent), ou pire de le deviner, mais essayer de le convaincre que cette discipline intellectuelle que l'on nomme **la prospective est solide, utile, raisonnable et féconde**, et qu'elle fut souvent utile à mes interlocuteurs, étudiants, patrons et hommes politiques, parfois inquiets et peu hardis. Surtout j'ai l'ambition d'entraîner mes lecteurs à devenir eux-mêmes, comme moi-même, les « prospectivistes » de leurs propres avenirs, souhaités ou redoutés par eux ou contre eux, et de ceux des autres.

LE FUTUR EN BREF

En compagnie de scientifiques, philosophes, hommes politiques et artistes, français et étrangers, qui se sont, en toute civilisation, interrogés sur le futur, j'ai essayé depuis cinquante années de « penser le futur », l'écrire, le dire et l'enseigner. A cette fin, j'ai recueilli pour moi-même et pour vous lecteurs, avec la collaboration d'Hugues de Jouvenel et du regretté Serge Antoine, depuis des années, certains textes brefs et quelques aphorismes ou dictons de la sagesse populaire, française et étrangère, écrits ou dits par ceux qui, depuis l'Antiquité, s'intéressent à ce qui leur échappera toujours : le futur, le vôtre comme celui du monde.

Vous voilà « embarqués », car vous n'avez pas le choix. Le temps presse et ne s'arrêtera jamais. Vous, chercheurs du futur, n'avez qu'une mission: avancer sans trembler, le plus loin possible, sans jamais arriver à des certitudes, car le futur est « élastique », changeant et infini. C'est la règle, même si elle fait un peu peur. Personne ne vous attendra. Il n'y a ni étape, ni palier, ni « camps d'altitude » pour une pause, ni même retour au « camp de base » d'aujourd'hui ou d'hier. Comme disait René Char, nous avons seulement « l'inconnu devant soi », ce qui est quand même plus intéressant et stimulant pour l'intelligence qu'un « mur » ou l'absurde, la « révolte », l'indignation, le « vide » ou la reproduction du passé, ou même notre propre mort.
Vous comprendrez ainsi très vite que la prospective vous permettra non seulement de ne plus avoir peur du futur – ce qui inquiète tout

le monde, car il n'est qu'incertitude - mais que vous allez pouvoir à minima « calmer le jeu », gommer les « phantasmes », apaisez les conflits, et surtout nourrir la réflexion sur ce qui peut et doit être entrepris, dès demain matin : la fabrique des temps à venir.

Je ne suis ni « Madame Soleil », ni un devin, ni un voyant. Je ne sais rien de l'avenir et, à la limite, peu m'importe. Loin d'un traité savant sur le futur, qui n'existera jamais et n'a d'ailleurs pas besoin d'exister, j'ai écrit pour vous, corrigé par quelques confrères prospectivistes chevronnés : « Et après ? Éloge de la prospective », pour vous donner envie de vous pencher au dehors, sans grand risque cependant, car il ne s'agit que d'un exercice momentané. **La nature même de la prospective fait qu'il s'agit de trouver ce qui n'existe pas mais adviendra de toute façon, d'entrouvrir la porte étroite entre le bon sens et l'invraisemblable, entre la logique de la raison et l'imagination du rêve, entre la science et l'émotion.**

L'objectif est de vous permettre d'envisager sereinement tous les « futurs possibles » : non ce qui **va** mais ce qui **pourrait** advenir, pour vous-même, les vôtres, votre association, ville ou entreprise, votre pays et le monde entier.

Contrairement aux familiers de disciplines austères, les prospectivistes sont généralement des « joyeux ». Du moins Jacques Attali le prétend pour lui-même : « C'est dans l'avenir que je suis le plus heureux, car je suis plus libre que jamais », car naturellement personne ne peut contester ni lui-même ni ses confrères, puisqu'il prédit sans preuves, ou presque, et ne cite jamais personne. Vous voilà donc en bonne compagnie !

Mais si vous restez constamment tourné vers le futur, cela vous attirera quelques moqueries et « billevisées », comme disait Michel de Montaigne. Notre maître à tous, Gaston Berger, disait « Regarder un homme le transforme. Regarder l'avenir le bouleverse». Si donc vous n'en croyez rien, ne vous faites pas peur inutilement : courez à l'université vous inscrire en licence d'histoire antique, discipline sans surprise, puisque tout est déjà dit, su et écrit sur le sujet. En prospective professeurs, chercheurs et disciples ne sont guère nombreux, à l'université ou ailleurs. La matière est immense et les « ouvriers » peu nombreux. A vous d'explorer ce qui ne dépend que de vous, puisqu'il n'y a ni archives, ni manuels, ni bibliothèques et fort peu de « professeurs ». **En prospective tout le monde est chercheur, même les plus grands**.

Bon voyage dans ce qui vous attend et parfois vous fait peur, mais auquel nous ne pouvons échapper, ni vous ni moi : demain et même - pour les courageux, les mystiques, les auteurs de science fiction et les artistes - après-demain, ou Dieu, ou rien. **C'est un effort et un risque que vous propose ce livre, et pas un résultat,** mais un effort de longue durée. Sachez seulement que votre avenir et l'avenir du monde vous appartiennent. Fuyez tout déterminisme facile. **Rien n'est déjà écrit, car le temps qui vient n'est ni logique ni fou, comme le dit Érasme dans son « Éloge la folie ».** Vous pouvez le concevoir, prendre le risque d'expérimenter quelques pistes entrevues, ou seulement « laisser » passer le temps, qui lui ne s'arrête pas et ne fera jamais « étape », comme le croient certains théoriciens d'une « pause », qu'ils appellent de leurs vœux.

Mon seul but est de vous encourager à ne pas rester inactif, et pas de vous faire peur, ni de vous donner les « clés » de votre futur ou même la *check-list* du parfait prospectiviste, avant votre décollage vers le futur. Sachez seulement que ce travail prospectif procure à celui qui l'entreprend des fruits étonnants, et parfois surprenants, généralement heureux, et n'empêche en rien de poursuivre vos tâches habituelles. **Bien plus il vous délivrera de l'oppression d'un futur caché qui vous inquiète parfois. La prospective vous rendra libre.**

J'ai reconnu quelques « voies » possibles dans cette aventure verticale, pour laquelle les savants ne nous ont guère été utiles. Mais sachez cependant que **vous êtes sans « corde de rappel » pour redescendre, puisque nul, dans la vie – sauf dans les romans, les BD ou au cinéma – ne peut jamais revenir en**

arrière, tenter une « uchronie » (prospective à partir d'un événement passé) ou sauter dans le vide, sans élastique. Heureusement pour vous et nous, prospectivistes, le *feedback*, la descente aux abysses, le retour « à bonne fortune », le « c'était mieux avant », est à tout jamais interdit, sauf mentalement. Seuls quelques téméraires ont voulu vérifier après coup qu'il n'y avait pas eu tromperie, mensonge ou charlatanerie.

Prenez ce livre comme « guide d'escalade », au fond de votre canapé, en avion ou en train, à vélo ou sous la couette, voire en bonne et heureuse compagnie. Vous ne risquez rien, puisque vous pourrez toujours et à tout moment faire une pause et revenir au présent, ou même au passé. Mais attention ! Vos petits enfants (ou vos concurrents !) poursuivront la « course », avec ou sans vous, vers le haut ou par une voie de traverse. **L'avenir n'attend pas ; il n'a que faire de vos peurs ou de votre lassitude. Et s'en moque bien. Il est là, devant vous, disponible, ouvert à tous les possibles. Prenez de l'avance sur votre avenir !** Vous pouvez non seulement le « penser » mais même le vouloir, puis le construire. C'est possible. D'autres l'ont fait avant vous, et parfois avec succès.

A quoi sert de penser à l'envers de tout le monde, imprudemment, en avant de tous ? Est-ce bien « raisonnable », du moins utile, et possible, même pour ceux qui ont besoin de « dire l'avenir » (ou essayer de le savoir) pour être cru avant l'« échéance », et sans être ridicule après en cas d'erreur, et alors confondu et considéré comme « nul ». C'est le cas par exemple des banquiers et en particulier des traders, des météorologistes, des démographes, des notaires et des « budgétaires », dont c'est le destin inconfortable d'être « en avant » de leurs clients et partenaires d'au moins quelques mois ou années, par nécessité professionnelle. Mais cet inconfort se paye cher et a toujours en conséquence intéressé quelques imprudents, comme le jeune trader de la Société Générale.
L'actualité de la peur du futur (« Peur de quoi » ? titrait « Le Monde » du 3 novembre 2017) est telle que les plus grands intellectuels français et étrangers se sont interrogés pendant

trois jours (10-11-12 novembre 2017 au Mans) pour en débattre. De quoi cette émotion soudaine est-elle le signe ? Que disent les prophètes ?

« Quand j'ai pris conscience de ma mortalité, ça ne m'a pas plu du tout. »
Woody Allen

« A long terme (...) nous sommes tous morts. »
John Maynard Keynes

« Nous avançons comme des somnambules vers la catastrophe. » **Edgard Morin**

« Celui qui parle de l'avenir est un coquin (...) Invoquer sa postérité, c'est faire un discours aux asticots. »
Louis-Ferdinand Céline

« L'histoire enseigne moins la fatalité que la vigilance (...), quelque chose comme une contre-politique de la peur. »
Patrick Boucheron

D'où vient cette peur et parfois ce refus même de penser le futur, d'en assumer le risque ? Pourquoi, comme Astérix, craignons nous que « le ciel ne nous tombe sur la tête » ? Pourquoi cette méfiance instinctive ? Et, en même temps, pourquoi cette curiosité, parfois même cette fascination pour le futur, qui ne serait pourtant qu'incertitude, menace et interdit, en tout cas la dernière étape qui nous sépare de la « mort », la nôtre et celle du monde ? A quoi sert donc la prospective, si ce n'est à se faire peur... pour rien ?

Que sait-on de l'avenir ?

Pourquoi est – ce si important de pronostiquer, d'anticiper, de « penser » l'avenir, de jouer les devins ? Pour la plupart des mortels, cela n'a guère d'intérêt, car cet effort n'est pour eux que peu utile. Pourquoi voudraient-ils par exemple connaitre la date de leur mort ? Quelle curiosité les dévore sur l'avenir du climat ? Retournons la question : un agrégatif d'histoire doit-il pour décrocher l'agrégation connaître la date et le lieu exacte de la naissance de Vercingétorix, le héros de l'identité française ? Non bien sûr, puisque personne n'en sait rien, et que cela n'a guère d'importance pour enseigner l'histoire à de futurs élèves. Dire vers 92 av. J.-C., dans l'actuelle Auvergne, suffit, car personne n'en sait beaucoup plus, et l'agrégatif sait que son « professeur » ne le sait pas non plus. Tournons-nous vers le futur : quel sera le prochain président de la République française en 2022 ? Et qui y pense, sauf l'actuel ? Nous ne le saurons qu'en 2022 de matière certaine.

Ainsi la force du prospectiviste - certes dérisoire - vient de ce qu'il ne répond jamais « langue au chat » à une question sur le futur et que nul - même très savant - ne peut lui rétorquer qu'il a raisonnablement tort ou raison, puisqu'il n'en sait rien lui-même, faute de preuves, sauf à l'échéance. Mais à cette date le prospectiviste est déjà mort ou en fuite, d'où son infaillibilité au moment où il parle. De plus, contrairement au prévisionniste, il ne donne à son commanditaire que des futurs, certes possibles mais au conditionnel, et jamais un seul, et s'il est très fort il vous dira comment y parvenir. ***Voilà donc le prospectiviste trois fois inexpugnable, irréfutable, en tout cas plus crédible que l'historien, qui ne peut raisonner que sur des faits passés et avérés, dont certains n'ont laissé aucune trace et n'ont guère d'intérêt pour aujourd'hui et encore moins pour l'avenir.*** *L'historien a certes des « preuves », mais il n'était pas présent pour les relever lui-même ou ne dispose que de sources incertaines ou suspectes, ou même de rien du tout.*

Ce qui suit n'est pas un traité de prospective mais un bilan de cinquante années de pratique, d'enseignement et de recherche concernant une discipline intellectuelle qui m'a toujours semblé de grande fécondité. Pour les curieux et les savants, mes sources reposent sur cinq ouvrages en français :

- *« Invitation à la prospective »*, d'Hugues de Jouvenel, directeur de la rédaction de la revue « Futuribles », collection Perspectives, 2004. (Edition bilingue « sous le titre *An invitation to Foresight* ») et le numéro 427 de novembre 2018 de la revue sur les scénarios de l'étude « Vivre en 2050 » de Cécile Desaunay et François de Jouvenel
- *« De la prospective. Textes fondamentaux de la prospective française 1955-1966 »* Extraits des livres et articles de Gaston Berger, Jacques de Bourbon-Musset et Pierre Massé, réunis et présentés par Philippe Durance, L'Harmattan, 2007
- *« Une nouvelle étape du développement de la prospective : La prospective opérationnelle »*, de Fabienne Goux-Baudiment, Rome, 2008 (thèse de doctorat)
- *« Peut-on prévoir l'avenir ? »*, de Jacques Attali, Fayard, 2015 et *« Une brève histoire de l'avenir »*, Fayard, 2006.

La prospective en sept chapitres, et un envoi final :

- Premier chapitre : dire le futur avec des mots
- Deuxième chapitre : explorer le futur a du sens
- Troisième chapitre : penser que le futur est possible
- Quatrième chapitre : imaginer le monde d'après
- Cinquième chapitre : avancer « dans le noir »
- Sixième chapitre : raconter l'histoire qui vient
- Septième chapitre : penser le futur « brique par brique »

Conclusion : la fabrique du futur

Merci à tous ceux qui m'ont encouragé sur cette voie incertaine et cabossée. Et hommage à mes premiers maîtres en prospective, récemment disparus : Guy Loinger et Jacques Poulet-Mathis.

CHAPITRE 1

LE FUTUR AVEC DES MOTS

Le futur a toujours été l'objet et le sujet d'œuvres variées : artistiques (musicales, picturales, religieuses, littéraires et cinématographiques), philosophiques et scientifiques depuis la nuit des temps. C'est récemment un domaine exploré par la bande dessinée et la vidéo. N'étant pas qualifié pour en traiter, je me limiterai aux seules expressions du futur avec des mots, et uniquement ceux de la langue française ou d'œuvres étrangères essentielles traduites en français.

Ce premier chapitre sera d'abord consacré à un parcours sémantique ayant pour objet de préciser pour le lecteur le sens des mots que nous allons utiliser concernant le futur. Il y a en effet une confusion fréquente entre les « mots pour le dire », dans un domaine où prolifèrent, dans une discipline neuve et pas encore stabilisée, des vocables, des mots et des expressions qui n'ont pas le même sens et que l'on confond parfois. Comment dire le futur ? Quels mots employer ? Qui a inventé les mots ou les néologismes tels que utopie, « futuribles », futurologie, stratégie, planification, science-fiction et... prospective ?

L'avenir fut et reste toujours friand de nouveautés puisque tout ou presque, par nature, est à inventer. Il est donc rempli de mots qui s'empilent en désordre, puisque de plus personne n'est mandaté pour faire le tri et « donner du sens »... dans l'incertitude. Mais d'une certaine façon ce désordre de la langue française est fécond puisqu'il autorise chacun à inventer son propre néologisme, comme le fit Thomas More jadis en inventant le mot, devenu courant aujourd'hui, d'« Utopie » et Bertrand de Jouvenel en créant le vocable « Futuribles », devenu le nom de la revue qu'à a créé sont fils Hugues.

Commençons par les mots « futur » et « avenir ». Pour les anglophones il n'y a qu'un seul mot pour dire ce qui va advenir après le présent, qui est à la fois un nom commun, un adjectif et le temps d'un verbe : « *future* ». Pour les francophones, la différence entre les deux vocables est stricte : « futur » est le temps d'un verbe utilisé pour exprimer ce qui sera ; et « avenir » un nom commun qui indique toute l'étendue de ce qui deviendra.

Dans l'usage courant, les deux mots sont utilisés indifféremment. C'est du moins ce que dit Émile Littré dans le très officiel « Dictionnaire de la langue française (1863) : « Le futur est ce qui sera. L'avenir est ce qui deviendra. Les deux sens se confondent presque toujours ». Mais pour les puristes anglophones le mot *« future »* en anglais est un engagement de livraison de quelque chose à l'échéance et à des conditions définies à l'avance, donc proche du mot français « prévision ».

Entre les autres mots qui traitent du futur, la confusion est fréquente dans la conversation, les médias et même la littérature spécialisée entre plusieurs vocables qui n'ont pas le même sens. Par exemple beaucoup pensent que la prospective ne traite que du futur à long terme et pas de demain matin, dit aussi « le futur proche », ce que certains appellent « la prospective du présent ». Ce néologisme est paradoxal dans les termes mêmes (mais séduisant), puisqu'il confond dans une même expression deux notions différentes.

D'autres estiment que la « futurologie » n'a rien de scientifique et s'apparente au rêve, que l'« utopie » n'est qu'un genre littéraire comme la bande dessinée, que la « prévision » est un exercice scientifique donc sûr parce que basée sur les mathématiques, que « Futuribles » est seulement le nom d'une revue, et que l'Intelligence Artificielle (IA) ou les *big data* vont bientôt tout (ou presque) nous dire sur l'avenir...

Il n'est pas aisé de se retrouver dans les mots du futur. Nous allons donc essayer d'y voir plus clair sur ces différentes activités, démarches, expressions et méthodes qui sont tournées vers le futur, d'en définir les termes et d'en comprendre les différences, les éventuelles complémentarités, successions, confusions et incompatibilités.

1. La prospective, la prévision et l'uchronie

Commençons notre revue du vocabulaire prospectif par un paradoxe : beaucoup croient en effet sincèrement que la prospective est une pensée du temps long (ou « du long terme »), et ceci sous deux formes : soit c'est une histoire continue à l'endroit (passé, présent et futur dans l'ordre chronologique classique en Occident), soit c'est un « exercice » à l'envers de la pensée sur le long terme vers le présent (« Que faire pour atteindre mes objectifs ? »), ou encore une sorte de « pensée magique », un « rêve », une projection ou une anticipation (c'est le sens commun, dans les médias) ; ou bien c'est une pensée ou un fait « à l'envers », comme dans le futur antérieur (qui est un futur qui précède un autre futur, comme dans « J'arriverai avant que vous soyez partis », ou dans un « futur contingent » (ce qui dans l'avenir peut être ou ne pas être) ou encore une « uchronie » (prospective d'une pensée ou d'un fait passé « vrai », avec des « si »). Pour d'autres enfin la prospective est celle... de la fin des temps, de la « parousie » disent les théologiens.

La prospective est une discipline intellectuelle ayant pour objet non d'« inventer » ou « deviner » ou anticiper le futur comme on le croit généralement, mais – selon Gaston Berger, l'inventeur du mot et de la chose -, de dire, expliquer, montrer des futurs possibles afin de fabriquer sur cette base le futur souhaité ou souhaitable. Il ne s'agit donc pas seulement d'anticiper sur ce qui va arriver ou de le deviner, mais de construire un futur possible ou même souhaitable en l'anticipant. C'est donc une discipline ayant, pour objet final, non la « connaissance du futur » mais la conduite d'une action future. Berger écrit : « L'avenir est affaire de volonté. Prendre l'attitude prospective c'est se préparer à faire. Ce n'est pas renier la tradition, mais la vivre, c'est à dire la prolonger et, peut-être l'enrichir (...) Ce qui est à faire est plus important que ce qui est déjà fait ».

La prévision, souvent confondue avec la prospective, est un travail scientifique (avec ou sans modélisation, et le plus souvent quantitatif) ayant pour objet de dire ce qui va (et non pourrait) arriver. La prévision donne un résultat unique (ou dans une « fourchette »), présupposant que la trajectoire pour l'atteindre est rectiligne. De plus, elle ne dit rien de « ce qui va se passer après » et rien non plus des étapes, « ruptures » ou causes du « trajet », et encore moins du « moteur » de l'évolution. Enfin elle affirme dire vrai, et ne se préoccupe guère d'en débattre, sauf à remettre en cause le constat de départ ou le « modèle ». Le type même de prévision est celle qu'annonce le ministre des Finances chaque année comme objectif pour le budget de l'année prochaine ou celle des scénarios proposés par le GIEC pour l'évolution du climat dans le monde.

L'uchronie est la prospective à l'envers, puis à l'endroit, mais à partir du passé et autrement ou ailleurs ou d'une autre façon, ou par un autre chemin. Ainsi en patin à glace ou en patin à roulettes, on peut faire une « figure » composée d'un « salto arrière », suivi d'un « en avant ». Cette « figure » consiste à réaliser un feed back, comme on le fait au cinéma ou dans un roman, puis à partir de là à repartir en avant, à partir d'un fait passé. Ainsi pourrait –on imaginer que le débarquement de Normandie de 1944 par les armées alliées aurait pu échouer, comme celui de Dunkerque, ou que Napoléon aurait gagné – et non perdu - la bataille de Waterloo, si les troupes de Blücher etc. L'histoire – qui ne s'arrête jamais - aurait suivi son cours, mais autrement. L'uchronie c'est donc un « autre histoire », avec des si..., à moins que..., sauf que... Ainsi j'aurais pu épouser Julie ou Martine, mais j'ai épousé Catherine. En matière de reconstitution par la police d'un « crime » ou par une équipe politique d'une « élection ratée », l'uchronie offre matière à réfléchir. Autre exemple : il y avait mille façons de composer ce livre consacré au futur. Aurais-je pu revenir au point de départ et composer le livre autrement ? Cela aurait été possible.

2. La « futurologie » et nous

Derrière le néologisme de « futurologie », se cachent plusieurs expressions, « écoles de pensée » et médias, qui sont autant de « marques », du plus solide scientifiquement aux plus farfelus.

- Les « scientifiques du futur » sont en France peu nombreux, se connaissent et se jalousent, et ceci d'autant plus que la matière - le « futur réel » - est inconnu (et sans preuve, sauf à posteriori) et que les résultats des investigations restent souvent confidentielles, contestées et contestables, voire « secret défense ». Les chercheurs du futur essayent de publier un *« paper »* ici ou là dans « Futuribles », ou dans une revue étrangère. Le plus souvent ils disent : *« C'est off »*

- Quelques courageux, dont l'auteur, à l'initiative de Fabienne Goux-Baudiment, ont créé en 2016 une « Société savante » dite « Société française de prospective », présidée aujourd'hui par l'économiste Jean-Éric Aubert, expert de la Banque Mondiale. Guy Loinger avait créé en son temps la revue « Territoires du futur », qui hélas a disparu après son décès. Et le mot prospective lui-même est sans cesse utilisé, déformé, détourné, revendiqué... et maltraité. Comme il n'y a pas de thuriféraire académique, ni d'exégètes officiels dans ce domaine, il appartient à celui qui s'en empare pour son propre usage et donne sa propre définition. Ce que je fais dans ce premier chapitre. Et c'est tant mieux pour un mot « neuf », récent et fécond, comme « futuribles » en son temps - contraction de « futur » et « possible » -, inventé par Bertrand de Jouvenel et qui a donné son nom à la revue homonyme d'aujourd'hui.

Les chercheurs de langue anglaise utilisent deux expressions : le mot *« foresight »* - qui est la traduction habituelle du mot prospective « à la française » - et l'expression *« future studies »*, intraduisibles en français, sauf mot à mot. De même le mot français « prévision » (ce qui va advenir) est habituellement traduit en anglais par le mot *« prediction »*. Mais en français le mot *« prédiction »* a une connotation religieuse (le « prédicateur » est le religieux qui « prêche ») ou bien a un sens mystérieux (exemple : une erreur de prédiction lui fut « fatale »). La prévision au contraire, comme art et manière de prévoir, qui existe depuis toujours dans de multiples domaines de la vie pratique, scientifique et professionnelle, et que l'on confond trop souvent avec la prospective, est linéaire et raisonnée, consommatrice de « modèles » et de données quantitatives, le plus souvent détenue par les seuls « experts », comme la prévision météorologique ou électorale, ou bien celle du trafic routier. Ces passionnés de l'Intelligence Artificielle (IA) et des *Big Data* sont le plus souvent des scientifiques.

Pour exprimer le plan, au sens français du terme (document technique représentant un projet de construction ou un ouvrage), les auteurs de langue espagnole ou portugaise utilisent le mot *« plano »*, qui peut signifier aussi bien plan que projet; pour dire la même chose, les Allemands utilisent le mot *planung*, les anglo-saxons *plan* et *planing*.

Enfin il ne faut pas confondre la prospective – discipline intellectuelle parfois austère – avec la « futurologie » ou « l'utopie », qui contiennent des récits purement imaginaires du futur, proches du rêve ou du conte, très prisés dans les médias, les nouvelles et les romans. La différence est simple : autant la prospective est fondée sur des futurs possibles (d'où le mot « futuribles »), autant la « futurologie » ignore toute forme de réalisme. Ainsi le récit « Utopia » de Thomas More est une fiction politique et littéraire sans souci de mise en œuvre.

Je fus mêlé jadis à une utopie urbaine généreuse, conduite par l'ingénieur Claude Tréhin, connue sous le sigle « Pour une ville », ayant pour but d'imaginer une « ville » qui aurait été réalisée à proximité de la « Saline » de l'architecte Claude-Nicolas Ledoux (1736-1806), construite mais inachevée à Arc-et-Senans (Doubs) sur ordre du roi de France, proche de la station TGV actuelle de Mouchard. Les élus locaux, dont le tout puissant Edgar Faure, ancien ministre et président du Conseil Régional, mirent en échec le projet.

Les *afficionados* de telle ou telle « école de pensée » en matière de prospective, comme dans toute discipline intellectuelle non stabilisée et dépourvue d'un corpus scientifique stable, se chamaillent entre eux. C'est de bonne guerre, et parfois stimulant. **On peut toujours se dire que comme personne ne saura jamais rien de l'avenir, le débat ne sera jamais clos.** Les vraies découvertes seront rares, plus rares en tout cas que les erreurs, et c'est tant mieux. Ce livre en est un exemple. Vive la concurrence ! Le marché du futur redevient « porteur », les initiatives fleurissent et les éditeurs en profitent. Des fondations se créent et se développent depuis quelques années, attirent des sponsors de grandes sociétés et lancent des colloques ou des revues. **Mais l'université, l'édition, la recherche, et même l'État français, sont hélas presque totalement absents de cette effervescence, mais pas les grandes entreprises ni les médias.**

Les fans - auteurs, lecteurs et éditeurs - de la « science fiction », sous la forme de livres, films et - de plus en plus - de bandes dessinées, forment une « école » en plein réveil, après une période d'atonie, que précéda en langue française Jules Verne et Hergé. Elle construit des récits imaginaires (romans, BD, films, vidéos), sur des bases scientifiques. Romain Gary (1914-1980) disait de la science-fiction : « Elle peut moins que la poésie. Son seul apport positif est de nous habituer à la possibilité de l'impossible ». Déjà quelques aventuriers de l'écriture et du dessin inventent une « écriture dessinée ».

Les « nouveaux » **écrivains du futur** se publient et se diffusent le plus souvent eux-mêmes, négligent les éditeurs et donc les libraires -, saturent les « réseaux sociaux » ou leurs blogs de leurs images, vidéos et textes, parlent, écrivent, débattent et font même des films et des BD. La revue « WE Demain », le blog « Signaux faibles » de Philippe Cahen (cahen.philippe@gmail.com) et le film « Demain », sorti sur les écrans en 2017, sont caractéristiques de cette envolée.

Anecdotes

Je suis intervenu jadis comme prospectiviste auprès de trois hommes politiques français, qui tous trois sont devenus plus tard Premier ministre du gouvernement français : Pierre Mauroy, Jean-Pierre Raffarin et Manuel Valls. Le premier est mort ; mais les deux autres – j'ai vérifié – ne m'ont pas tout à fait oublié. Tous trois m'ont écouté et peut-être même lu. Mais je crois – peut-être un peu naïvement – qu'ils ne m'ont pas tenu rigueur de les avoir encouragés à se projeter au delà du présent de leur ville ou de leur région d'alors.

A contrario la maire de Fortaleza (Brésil) – qui m'avait convié à faire sur sa ville quelques réflexions prospectives après un dur labeur sous le soleil tropical – n'a pu m'entendre, ayant parlé seule pendant plus d'une heure, puis m'a prié de me retirer, après m'avoir gentiment remercié de l'avoir écoutée (obrigado senhor) ! Leçons d'expérience longue : plus le dirigeant parle seul de ses projets et moins il a besoin d'écouter le prospectiviste ; et, à contrario, tous les responsables respectueux de mon travail se sont par principe abstenus d'être présents en séance, sauf en conclusion finale pour les résultats. Ce fut le cas par exemple pour Patrick Braouezec (à l'époque député et président de la Communauté de Plaine Commune en Seine St Denis), Joël Batteux, maire de Saint Nazaire, et Jean-Pierre Raffarin, à l'époque président du Conseil régional de Poitou-Charentes et sénateur de la Vienne, toujours absents – volontairement – en séance de travail.

Se tourner vers le futur oblige parfois à quelques contorsions douloureuses : inventions sans justifications, impasses grossières, rêveries et mensonges vite démasqués, ellipses imprudentes, à la limite parfois de la charlatanerie et le tout parfois sans assurance de « retour à meilleure fortune ». L'atterrissage, quelque temps après, risque d'être difficile. De nombreuses personnalités politiques et dirigeants d'entreprises (cf. les mésaventures du « Concorde » et du « Titanic ») s'en sont aperçus à leurs dépens. De plus rares sont ceux qui peuvent s'arrêter à temps, conjurer le pire et rebondir, en politique comme dans les affaires, et même dans la vie personnelle. **Le futur, c'est casse-cou.** Ainsi le président François Mitterrand disait : « Ma seule stratégie est de n'avoir que des tactiques ». Charles de Gaulle, plus prudent, disait n'avoir qu'« une certaine vision de la France ». Mais il n'a jamais dit laquelle. Le philosophe allemand Hans Jonas plaidait, en ce qui le concernait, pour une nécessaire « éthique du futur », pour « instruire la raison et animer la volonté ».

L'extrême difficulté – constitutive de la prospective - de devoir fonder les résultats du travail prospectif sur une logique, un raisonnement, des faits, des tendances avérées et de ne pouvoir donner des preuves – sauf à posteriori -, est un handicap fort, qu'il ne faut pas sous estimer. Le risque est constant de se tromper ou de paraître flou, peu sérieux, voire déraisonnable, surtout en face de commanditaires ou auditeurs assurés de leurs certitudes, et que le « dire prospectif» choque, heurte et déstabilise. Ainsi qui aurait parié avec quelque certitude, deux mois avant l'échéance des élections présidentielles, sur la victoire de Donald Trump aux États-Unis et d'Emmanuel Macron en France? Conclusion : si vous savez quelque chose de sûr de l'avenir, ne l'avouez jamais ! Ou vendez - le très cher !

3. La prospective dévoyée

Hélas beaucoup de prospectivistes ou qui se disent tels sont bavards ou incertains, voire provocateurs à dessein, ayant pour stratégie de « faire réagir» ou « pousser à bout» leurs interlocuteurs, ou même prennent un malin plaisir à plaider le faux pour obtenir le vrai, avant de les rassurer. Cette tactique guerrière est rarement appréciée, mais a des partisans ! Ainsi quelques « déclinistes» patentés rêvent de se faire entendre des puissants ou de la presse en répandant des malédictions sur l'avenir « possible » ou des « fake news » devant des journalistes, comme l'élection d'un président musulman en France (Michel Houellebecq). Parfois aussi – heureusement – le prospectiviste peut faire l'inverse, en plaidant le raisonnable pour conjurer le funeste. Ainsi un diplomate suédois eut l'heureuse initiative (géniale !) de rencontrer, et de finir par convaincre le général von Choltitz, commandant du Grand Paris, de désobéir aux ordres de Hitler et ainsi de ne pas détruire Paris, alors que les forces alliées étaient aux portes de la capitale française en août 1944 (cf. le film et la pièce de théâtre « Diplomatie »).

Les plus médiatiques des chercheurs d'avenir sont les spécialistes de la « voyance» et ceux que j'appelle les

« prophètes fatigués ». Le plus souvent ils sont âgés et la plupart prédisent l'apocalypse pour bientôt. Ils sont scientifiques, intellectuels, historiens ou journalistes, occupent les plateaux de télévision et sont interviewés dans les magazines. Les médias ont inventé un néologisme (un concept ?) pour parler d'eux : la « collapsologie ». Leur refrain est devenu un « classique », sans preuve d'aucune sorte, ou presque : **la catastrophe est pour demain**. Ils se nomment Régis Debray (« Bilan de faillite », titre peu rassurant), Edgar Morin (« Nous avançons comme des somnambules vers la catastrophe »), Michel Onfray, auteur de « Décadence » (sic) puis créateur du magazine Front populaire »), Alain Finkelkraut (« Le mécontemporain », titre peu réjouissant), Jacques Attali (« Vivre ou périr, mais tous ensemble », in « L'Express »), Nicolas Baverez (« La France qui tombe »), Marcel Gauchet, directeur du « Débat » (« Comprendre le malheur français ». Titre explicite), et les scientifiques Michel Serres (récemment disparu), Hubert Reeves et Joël de Rosnay. Même Jean-Claude Guillebaud, journaliste et essayiste, pourtant jadis l'auteur de livres flamboyants sur l'avenir, publie début 2020 « Sauver la beauté du monde », comme une sorte de « Sauve qui peut » pathétique.

Il y a en plus tous ceux que l'on nomme maintenant les « déclinistes » patentés, comme Éric Zemmour (« Le suicide français », terrifiant !), Michel Houellebecq (« Soumission », quel titre !), Frédéric Beigbeder, Emmanuel Carrère et compagnie, et tous ceux qui estiment que « tout est foutu » (*« no future »* disaient les beatniks américains des années 60), que la société est menacée d'« effondrement » (cf. l'article de Gabriel Salerno in « Futuribles » de novembre 2018). Tous ces « prophètes » écrivent des livres qui font des tirages énormes en « sonnant le tocsin », prédisant l'anéantissement, le « renversement » et rien de moins que la « fin du monde ».

Est-ce qu'après le « déluge » ou l'« hyper-conflit » (Jacques Attali), l'histoire de l'humanité s'arrêtera alors sur le mot : « Fin de l'histoire » (Fukuyama) ou pire encore, comme dans le premier chapitre de « La Genèse », par l'écroulement de la « Tour de

Babel», en attendant la «parousie» ou le «jugement dernier», mais pour les chrétiens seulement? Et après Babel? **Et nous, en attendant, on fait quoi ? Et si « on » était au contraire au début d'un nouvel « âge d'or » ? Et pourquoi pas ?**

J'accuse ces prophètes de malheur, par ce matraquage paresseux de pervertir l'opinion (et les jeunes esprits en particulier) et d'aggraver en tout cas le désordre, cultivant ainsi la médiocrité d'une pensée pauvre, dont se sont nourris les « gilets jaunes », les « insoumis » et tous les fauteurs de trouble. D'où vient donc cette soudaine passion des intellectuels français, pour la « déchéance », la «soumission» et les catastrophes, voir le «retournement», si ce n'est l'apocalypse pour demain matin.

Heureusement les fils ou filles des précédents « prophètes fatigués » sont parfois plus toniques et moins désenchantés que leurs pères. Certains nous donnent même des raisons d'espérer. Ainsi François, fils d'Hugues de Jouvenel («Futuribles»); Raphaël, fils de Pascal Bruckner; Sophie (auteur du livre « Amitié »), fille de Vladimir Jankélévitch; Justin (ex-directeur du CAPS au ministère des Affaires Étrangères), fils de Maurice Vaïsse, professeur à Sciences Po; Pierre Alferi, fils de Jacques Derrida; Laurence Debray (auteur de «Fille de révolutionnaire»), fille de Régis Debray; Mathieu, fils de Pierre Calame... et bien d'autres. Il proposent des avancées, des pistes, de nouvelles propositions pour demain. Ce sont ceux que j'appelle les «nouveaux prophètes», ceux qui pensent et disent qu'après le «déluge» «un autre avenir est possible», et s'en occupent activement, comme jadis Chico Whitaker - intellectuel brésilien, que j'ai rencontré à Sao Paulo -, fondateur du «Forum social mondial» en 2001 à Porto-Alegre. Les hommes politiques, quant à eux, se taisent et le président de la République en fonction reste discret, voire muet...

Hélas l'un de ces «fils de» – Raphaël Glucksmann – titre son livre par un terrifiant «Les enfants du vide» (Allary Éditions, 2018), avec ce commentaire peu réjouissant: «Notre échec est grandiose». Quant à Pierre Alferi, fils de Derrida, dans «Hors sol», il suggère : « On sait qu'on vit sous une menace extrêmement forte et en même temps on s'en accommode (...) Ce n'est pas le développement dramatique qui compte, c'est juste la situation et la répétition (...) Le plus simple serait d'imaginer que tout se passe en même temps et aussi un espace où tout cela a un sens». Cette démagogie verbale sur la «menace» ou l'apocalypse qui nous attend a-t-elle même «un sens» ? Qui a peur ?

4. Les 7 P ou une tentative de mise en ordre du vocabulaire prospectif

Certains font quand même, courageusement, profession de «prospective», et s'intitule «prospectiviste». Certes, le métier est neuf, peu référencé et pas du tout réglementé, ce qui est aussi le cas des urbanistes, des poètes et des psychanalystes. Les bavards et les bonimenteurs, les rigolos et les fous, les mystiques et les magiciens, prolifèrent en la matière. Il s'agit d'un véritable secteur économique, présent dans tous les cantons de France sous la rubrique «Voyance» des Pages Jaunes. Vous pouvez choisir la méthode : la boule de cristal, les lignes de la main, l'hypnose, l'écriture manuscrite ou les cartes. A la sortie de la consultation vous savez tout sur votre avenir. Vous pouvez aussi consulter votre horoscope dans «Nous deux» ou «Jours de France», ou payer cher une séance auprès d'un gourou d'excellence (plus de 1000 euros la consultation d'une heure). Mais vous n'avez pas le choix sur plusieurs futurs possibles ni le temps d'en discuter. C'est de la prévision «à l'aveugle», du «futur» imposé et unique, pas de la prospective. Cette mystification est de tous les temps et peut rapporter gros. L'un d'entre eux a même créé une consultation d'égo-prospective (ou « ce que je sais de mes futurs possibles»). D'autres croient dur comme fer aux prédictions de «Nostradamus».

Mais il y a plus solide et ce depuis la lointaine antiquité grecque. La revue «Esprit» y a consacré en février 2017 un numéro spécial. C'est un signe que l'avenir intéresse nos contemporains, et font confiance à ces « nouveaux prophètes». Notons cependant

– pour nous en inquiéter - que toute prophétie politique neuve a disparu en France, sauf à prendre au mot celui de « Révolution », quand c'est le titre de l'ouvrage du président de la République lui-même, publié avant qu'il ne le devienne.

Dans la longue chaîne des étapes qui rythment le travail sur le futur (prophétie/prédiction/prévision/prospective/projet/plan/programme ou les 7 P – voir encadré joint), la prophétie occupe la première place, et la plus ancienne dans l'histoire de ceux qui disent le futur. Le prophète en effet, depuis les Grecs, la Pythie de Delphes, les nuées du Mont Olympe puis ceux de la Bible des chrétiens, est celui qui parle « avant », sous la dictée des dieux. Il interprète ce qu'il entend de ceux qui habitent dans le « ciel ».

La loi des 7 P ou... d'après-demain à demain matin

PROPHÉTIE : le prophète est la personne inspirée par Dieu, son porte-parole, le révélateur des vérités cacheés, qui parle « au nom de ».

PRÉDICTION : le devin, le gourou ou la cartomancienne prédit sans preuve (ou presque) ce qui viendra. C'est souvent un charlatan qui « lit » votre avenir dans les lignes de la main ou même un homme politique qui vous « prédit » la fin du chômage, le « basculement » ou le « grand soir ». La prédiction est univoque.

PRÉVISION : le « prévisionniste » est celui qui pré-voit, voit avant. C'est le plus souvent un « scientifique », qui raisonne et prouve ce qui sera demain, au pire dans une « fourchette » ou selon certains aléas reconnus à l'avance. Il est cru, sur parole. Sinon il ne sert à rien. il raisonne avec des chiffres et des «modèles» quantitatifs. Il se trompe toujours, mais ne le sait pas, ou du moins ne l'avoue jamais. Sinon à quoi servirait-il ?

PROSPECTIVE : le « prospectiviste » dit ce qui pourrait arriver, propose plusieurs « scénarios » et les « itinéraires » correspondants, les « ruptures » éventuelles et les pistes à explorer pour construire le futur. Il ne décide rien ; il éclaire ; il dit le possible. Il permet « L'anticipation au service de l'action » (slogan de la revue « Futuribles »)

PROJET : le « projeteur » conçoit ce qui pourrait ou va être fait, imagine le passage du rêve (j'ai envie) à la réalité (je vais faire). Le projet est un engagement, personnel ou collectif, de « créer » ce qui n'existe pas encore.

PLAN : c'est une décision de faire (ou s'abstenir) suivant les règles en vigueur, avec un dessin, un calendrier, des acteurs, un budget et conformément à un « plan d'exécution » du « projet » décidé. Et approuvé. C'est le dessin du dessein.

PROGRAMME : c'est l'ensemble des procédures et mécanismes de mise en œuvre du « plan » choisi, approuvé par le « maître » de l'ouvrage, dans le temps, avec les moyens correspondants.

Le prophète, dans toutes les religions, proclame, alerte, menace, tempête, puis enjoint ses lecteurs ou auditeurs, assistés des prêtres, de se repentir, de changer leur conduite, de louer les dieux et de les remercier par une offrande « sacrée ». Ainsi Isaïe, Jérémie et tous les prophètes chrétiens, dont les écrits couvrent les pages 1287 à 1694 de l'Ancien Testament, soit plus de 400 pages, proclament leurs oracles, enjoignant le peuple des fidèles d'écouter Yahvé, en « prêtant l'oreille à l'enseignement de notre Dieu » (1, 10). Puis vint Jean-Baptiste, le dernier des prophètes, qui annonçait « la venue du Messie ».

Mais aujourd'hui où sont les prophètes actifs et crédibles ? Est-ce qu'il faut même en nos temps bouleversés les chercher, les désigner et les croire sur parole ? A travers des images, des chiffres ou des musiques ? Les « nouveaux prophètes » sont-ils sur Facebook, You Tube ou Google ? Où sont les nouveaux « indicateurs d'alerte », les « vigies » de notre temps ?

Anecdote

Dans ma jeunesse, certains prophètes étaient très courus. Nous avons ainsi fait le pèlerinage de Cuernavaca (Mexique) pour rencontrer Ivan Illich. Il proclamait qu'il fallait ré-enchanter le monde (et l'école, la religion, les transports etc.), dans un français parfait. A Sao Paulo, j'ai rencontré, grâce à Margarida Genevois, Chico Whitaker, architecte et homme politique brésilien, qui créa quelques années plus tard le Forum Social Mondial à Porto Alegre (Brésil) en 2001, avec un slogan prémonitoire « Un autre monde est possible», fondant ainsi le mouvement mondial de l'« altermondialisme », si vivant aujourd'hui. Ainsi progresse la pensée que l'on dit maintenant libéral-libertaire par bonds successifs : 1958/1968/2002/2018. En les écoutant je n'ai jamais eu l'impression que l'un ou l'autre de ces étrangers était fou, anarchiste ou présomptueux ! Et en France, sont-ils nombreux et entendus ? Faut-il les prendre au sérieux ?

5. Prospective et projet

Le gouvernement français – et le président de la République lui-même - a-t-il un «projet», comme tout responsable d'entreprise ou toute personne pourvue de quelque ambition, pouvoir ou autorité? En matière de prospective, le mot et la chose occupent nécessairement pour eux une position éminente. Mais qu'est-ce qu'un «projet»? L'expérience prouve que la signification de ce mot-valise, très à la mode, revêt, selon les interlocuteurs ou usages du mot plusieurs significations profondément différentes, pouvant provoquer des confusions. C'est un mot magique et ambigu, qui part d'une tension, d'un déséquilibre vers l'avant, d'une «bascule-avant». Ce n'est pas encore un «plan» (ou même comme disent les jeunes un «bon plan»), mais plus qu'une envie, plus qu'un désir de...

Qu'est ce qu'un projet ?

Communément utilisé le projet, c'est «ce qu'on veut faire» et qui n'existe pas encore. Le mot projet vient du latin *pro-jicere* = jeter en avant. Un projet au sens premier c'est donc une proposition pour l'avenir. Mais est-ce un engagement de «faire», d'agir, de réaliser? Et quoi? Et quand? Et par qui? Et pourquoi?

- Un projet peut-être à minima une simple velléité d'agir, la conscience d'un désir, mais sans objet ni calendrier, ni même moyens, personnes, lieu ou date. Il est utilisé couramment par les jeunes comme un « bon plan », un souhait, une envie, un rêve ; par les truands comme une « opportunité » ; par les hommes politiques comme une « ambition », une « certaine idée de la France » disait le général de Gaulle. C'est une simple déclaration du type : « J'ai envie » de..., je « pense » à. Tout jeune de 25 ans dit ou se dit : « J'ai envie de me marier », ou « Je voudrais être architecte ou pâtissier »

- Un projet peut signifier aussi un état, une situation, un objectif que l'on se donne pour but d'atteindre. C'est une projection, une mise à distance, mais dont la forme ou le contenu de ce que l'on souhaite n'est pas défini. Il s'exprime par : « j'imagine de, je veux ».
- Pour le dirigeant ou l'homme politique le projet est compris ou perçu comme un objectif ou une ensemble de promesses, ni détaillées, ni chiffrées, ni programmées dans le temps.
- Plus prêt de l'opérationnel, un « projet » est pour l'industriel, le militaire, le sportif, le chef d'entreprise ou l'architecte, un plan détaillé et chiffré, qui permet d'enclencher la réalité de l'œuvre à faire. Dans ce cas le projet est ce qui permet et légitime la décision de l'autorité qui va agir, sur la base d'un contrat.
- Parfois le projet peut être compris comme le programme, autrement dit le contenu de l'ouvrage à exécuter, par exemple le plan d'exécution de l'ouvrage établi par l'architecte.
- Enfin le projet peut être aussi l'objectif militaire, commercial ou diplomatique de la conquête, voir de la destruction

6. Prospective et utopie

Les deux mots prospective et utopie dans le langage courant et dans les médias, sont – hélas – souvent confondus, alors que leurs sens sont totalement différents. Le premier est une discipline intellectuelle alors que le second est un genre littéraire, inauguré par Thomas More dans son livre « L'utopie » publié en 1516. Thierry Paquot, « philosophe de l'urbain », est l'auteur du petit livre de référence sur le sujet : « L'utopie ou l'idéal piégé » (Hatier, 1996). Il la définit comme « une construction abstraite d'une société concrète sans théorisation. Elle a l'apparence de la rationalité (...) et un goût pour un imaginaire qui s'enracine davantage dans ce qui existe que dans ce qui existera ». Le paradoxe – et donc la séduction des récits utopiques – vient de ce que les utopistes proclament que « c'est possible », et parfois même réalisent leur rêve, comme ce fut le cas pour le familistère de Guise (Aisne), conçu et réalisé par J. B. Godin (1817-1888), le célèbre fabriquant de poêles dont l'usine existe toujours. Il fut le sympathisant de l'utopiste Charles Fourier (1772-1837), « le plus imaginatif des penseurs utopiques ». Le fouriérisme a essaimé dans le monde entier, en particulier en Europe et aux États-Unis.

Très sévère sur l'utopie, Paquot sous-titre son livre « L'idéal piégé ». Pour lui, « L'utopie, par nature, serait condamné à l'échec ». Nous croyons au contraire que des utopies concrètes – comme les « villes nouvelles » réussies de Brasilia au Brésil et Cergy-Pontoise en France, ou les rassemblements des altermondialistes, ne sont pas des pièges mais au contraire des réussites, fondées sur l'idée utopique qu'une « autre ville » ou un « autre monde » est possible, ici et maintenant. En politique, dans les arts, les lettres et les sciences, l'utopie est une aventure concrète, un projet expérimental, comme la découverte du radium par les Curie. Cette aventure concrète ne cessera jamais de provoquer quelques aventuriers de la « pensée en actes » (et pas seulement des prophètes, des poètes et des intellectuels), qui souhaiteront passer de l'utopie à la réalité. Par exemple, d'après nous, Le Corbusier – architecte génial et écrivain prolifique - ne fut pas tant un utopiste qu'un idéologue et un bonimenteur, qui se croyait un prophète... pour l'essentiel de lui-même.

7. Prospective et stratégie

On confond souvent prospective et stratégie, allant même jusqu'à parler de « prospective stratégique », par exemple dans l'ouvrage de Michel Godet sur la « prospective stratégique », ce qui est à la base d'une confusion dans les termes qui nous semble grave. La prospective n'a pas besoin en effet d'être qualifiée d'un adjectif comme « stratégique », qui la contredit dans sa signification. On peut parler, selon nous, d'une prospective territoriale, militaire, politique, culturelle, sociale ou industrielle, financière ou médicale etc., mais pas d'une « prospective stratégique » donnant à croire que l'exercice prospectif comporte en lui-même la définition d'une stratégie.

La stratégie est un mot issu du vocabulaire militaire, souvent utilisé abusivement dans la vie courante (une « décision stratégique »), les médias ou la vie des affaires, dans le sens de « très important » ou ayant des conséquences « lourdes » dans le temps. D'après le dictionnaire, la stratégie est « l'art et la manière d'organiser les moyens nécessaires pour atteindre une fin ». C'est ainsi devenu un concept de « management » d'une action dans le temps. Ainsi Fabienne Goux-Baudiment, dans sa thèse citée plus haut, parle de « prospective opérationnelle » (mais pas « stratégique »), ce qui est légitime, Gaston Berger ayant plaidé pour que la prospective permette et encourage l'action.

Certains utilisent même l'expression « diagnostic stratégique », ce qui est une contradiction dans les termes entre le nom et l'adjectif, le diagnostic étant par définition une « mise à plat » factuel et critique d'une situation, d'un personnage, d'une entreprise, d'un pays ou d'un territoire au présent, alors que la stratégie est au contraire une dynamique du « faire », pour atteindre une « fin », soit exactement le contraire. Pire encore certains ont popularisé le concept de « prospective du présent », considérant que la prospective, ne pouvant « penser » un futur qui n'existe pas, aurait pour « matrice » d'examiner ce dont le présent est « porteur ». Attention aux faux amis !

De tout temps et en tout pays, le futur, dont on sait qu'il viendra nécessairement, fait peur. Le plus souvent, il se confond avec le rêve ou la fatalité. Il suscite des sarcasmes, soulève des tempêtes ou sert à proclamer des « révolutions ». Il est prodigue en mensonges, déclarations, émotions et phantasmes. Ce qui va advenir ne laisse personne indifférent, sauf les choses, les plantes et les animaux, qui ne connaissent pas l'anticipation.

Saint Augustin écrit dans « Les confessions » : « Le présent du passé c'est la mémoire. Le présent du présent c'est l'observation. Le présent du futur c'est l'attente ». Nous voilà prévenus : attendre ce qui va advenir est en effet sage et confortable, mais paresseux. Envoyons la prospective au diable disent certains, qui se disent « sages », en économie, sciences et politique ! Paul Valéry, encore plus prudent, disait : « Demain est une puissance cachée ».

Prenons le risque, comme les historiens qui se retournent vers un passé enfoui, de nous tourner délibérément vers un futur inconnu et donc incertain, afin de l'explorer sans « regarder dans le rétroviseur ». N'étant pas très nombreux, soyons assurés d'être moqués, au contraire des historiens toujours admirés, considérés et honorés par ce que disposant de « preuves ». Car cette pensée au bord du vide, lorsque l'on se tourne vers ce qui n'existe pas – ou du moins pas encore -, inquiète, trouble, irrite, parce que le futur est inconnaissable directement, sans points d'appui. Le futur engloutit tous ceux qui tentent d'aller plus avant, en regardant les nuages du mont Olympe comme le faisaient les Grecs ou aujourd'hui en monnayant les « voyants » patentés. **Pourquoi donc oser penser à ce qui nous échappe, et pourtant adviendra nécessairement et que nous sommes condamnés à « imaginer » ? C'est le risque du « prospectiviste ».**

A quoi sert donc de penser à l'envers de tout le monde, imprudemment, en avant de nous ? Est-ce bien « raisonnable », du moins utile, et possible, même pour ceux qui ont besoin de « dire l'avenir » (ou essayer de le savoir) pour être cru avant l'« échéance », et sans être ridicule après en cas d'erreur, alors confondu et considéré comme « nul ». C'est le cas par exemple des banquiers et en particulier des *traders*, des météorologistes, des démographes, des notaires et des « budgétaires », par nécessité professionnelle. Mais cet inconfort se paye cher et a toujours en conséquence intéressé quelques imprudents. En matière sportive, celui qui « rentre dans le match » ne sait jamais s'il en sortira vainqueur. Et par exemple, celui qui fait le pari d'écrire un livre sur le futur – comme celui-ci - n'est-il pas prétentieux et imprudent ?

Léonard de Vinci (1452-1519), génie italien, peintre, architecte et sculpteur, prophète et ami du roi de France, avait écrit sur les murs de sa demeure au Clos Lucé : *« Ne pas prévoir c'est déjà gémir »*, mais aussi, plus sagement : *« On ne devrait pas désirer l'impossible ».*

Est ce que penser le futur possible a du sens aujourd'hui ?

CHAPITRE 2

PENSER QUE LE FUTUR A DU SENS

« La prospective explore des scénarios, tâtonne dans le brouillard, essaie des instruments de mesure nouveaux, refuse les lieux communs de son époque. Elle (...) restitue du sens là où il n'y en avait pas, en imaginant des cohérences (...). C'est la descendance des devins, à cela près qu'elle tolère et même recherche la controverse ».
Cité par Thierry Gaudin, in Fabienne Goux-Baudiment, « Une nouvelle étape dans le développement de la prospective : la prospective opérationnelle », thèse de doctorat, Rome, 2008.

Est-ce que la prospective « restitue du sens » ? Est-elle fondée sur une logique, une culture, une « pensée » qui « donne du sens » au présent (ou à l'histoire qui vient) ? S'il n'en a pas, alors à quoi bon ? Mais s'il en a un, quel est-il ? Et comment le découvrir ? Découverte progressive dans ce chapitre deux d'une discipline intellectuelle – la prospective – qui donne du sens au temps, avec des « anecdotes » et des « chantiers de prospective » racontées par l'auteur.

Démonstration et illustrations en 8 séquences

Tout le monde vous dira : le futur est inconnu, et personne n'en sait rien. Donc penser le futur ne sert à rien, sauf à se décourager inutilement et risquer de perdre son temps à « courir après des chimères », ou à défaut lire et regarder les BD d'Hergé ou les ouvrages de Jules Verne, qui ont toujours eu raison. De plus, à vouloir courir au dessus du vide, on risque la chute, ou pire, ce qui est désagréable. Prudence donc. Nous pensons le contraire : penser le futur c'est le regarder en face, se mettre en danger, assumer le risque de se tromper. Cet effort donne du sens à la vie, de la profondeur et une perspective à notre présent, quel qu'il soit. Mais il faut d'abord le « regarder », avant de vouloir le « changer ». Gaston Berger disait déjà : « Regarder l'avenir le change ». Regardons, sans essayer toujours de « comprendre » l'avenir.

1. La pensée paradoxale de l'avenir

Le pire n'est jamais sûr dit la sagesse populaire. Pourquoi donc se mettre en danger, en quittant un passé connu pour un avenir inconnu, quitte à « brouiller les repères » d'un présent qui s'enfuit (ou «s'ennuie» écrivait Pierre Viansson-Ponté, journaliste au «Monde», à la veille de mai 68)? De tout temps et en toute civilisation, les devins ont proliféré et conseillé les Princes. Car la connaissance de l'avenir, s'il fait peur, est cependant utile aux dirigeants, voire nécessaire, et même à tout homme affronté au temps qui ne s'arrête jamais. Prévoir est utile si ce n'est indispensable, en particulier en certaines circonstances et pour certains métiers, au moins comme un «possible», à travers un «changement» ou une continuité par rapport au passé. Ce changement que princes et dirigeants disent utiles, nécessaires ou urgents, quel est-il, comment le «penser», l'inscrire dans une perspective ou du moins une espérance? L'avenir n'a jamais cessé d'être pensé, raisonné, et pas seulement imaginé dans les astres, les jeux de cartes, les viscères des animaux et maintenant les ordinateurs.

A rebours, si l'avenir est un mystère, c'est tant mieux pour chacun, et en particulier pour les prospectivistes, qui y trouvent un labeur de prédilection.et une grande liberté. Le poète René Char dit en effet, et nous lui donnons raison: «Comment vivre sans inconnu devant soi?». Si vous croyez que l'avenir est «sans inconnu», qu'il est défini, déterminé, conduit par une logique scientifique ou «politique», à laquelle vous ne pouvez rien, ou qu'il est seulement mystérieux ou volatile, alors à quoi bon essayer de «penser» à demain, en mettant en péril vos précieuses certitudes? Interrompez alors la lecture de ce livre. Il n'a pas été écrit pour vous.

Anecdote

J'ai rencontré dans diverses missions de consultant en prospective d'innombrables dirigeants qui étaient tous assurés de leur propre avenir, et de celui de leur ville, région, entreprise, association ou pays, et tant mieux pour eux, et surtout tant mieux pour leurs électeurs, salariés, actionnaires, associés, banquiers, clients et partenaires. Ma première préoccupation était donc non de les encourager dans leurs certitudes mais de les rencontrer personnellement et longuement après un premier « tour de piste » de leurs « certitudes ». Or ce contact n'était pas toujours facile, les « entourages », directeurs et conseillers s'y opposant toujours farouchement, craignant que je « déstabilise » leur patron, et donc... peu ou prou eux-mêmes, collaborateurs à divers titres. Je me vois ainsi errant dans les couloirs de l'Assemblée Nationale à la recherche du bureau fort modeste et sans fenêtre du très jeune député de l'Essonne d'alors, maire d'Evry, mon « client » Manuel Valls. Il a joué le jeu de se taire – merci à lui - alors qu'il brûlait de me convaincre de son « idée » pour l'avenir de « sa » ville (ce qui était l'objet de mon contrat)... et peut-être de lui-même.

L'avenir est un objet de recherche et la prospective une discipline intellectuelle pour cinq raisons :

1 - Donner un avenir aux hommes, soldats, associés ou citoyens, est pour un responsable, tyran ou leader, prêtre ou magicien, président de la République ou chef d'entreprise, ou vous même lecteur, qui que vous soyez, par le discours, les actes ou les promesses, fait partie du « métier » d'homme et plus encore pour un dirigeant. Celui qui « conduit » se doit de transmettre une espérance, donc de dire ce qu'il veut et va faire demain. C'est la fonction basique de celui qui « raconte une histoire » (storytelling) pour entraîner l'adhésion à sa personne et à son projet, en étant « intéressant, crédible et convaincant », selon la maxime de Claude Neuschwander, ancien président de Lip. Donner à croire que le but peut être atteint, que le « salut » est proche, que la « sortie du tunnel » est pour demain, que le « bonheur » est possible et la récompense des efforts pour bientôt, oblige à « dire » que le futur a du sens, et qu'à terme la récompense est garantie pour tous. Comme Jésus puis Marx, puis Mao, puis Hitler, puis Fidel Castro, puis Mandela et Poutine, et aujourd'hui Donald Trump, Erdogan et Xi-Jinping, tous les dirigeants politiques en furent ou en sont persuadés.

Anecdote sur prospective et politique

Barack Obama, l'ancien président américain, avait utilisé une formule qui résume à mon sens (ce qui m'a été confirmé par un professeur de Harvard) son projet politiques et sa « vision » du futur: **« Yes, we can »** *(oui, nous pouvons le faire, c'est possible). En disant cela, il ne disait pas : nous allons le faire, mais nous le pouvons. Il donnait ainsi du sens à son projet politique, en ne disant pas « je », mais « nous », le peuple américain. Donald Trump disait exactement le contraire, en martelant :* « America first » *(L'Amérique d'abord), ce qui ne fait pas un projet mais flatte l'orgueil national. Jospin, Premier ministre du gouvernement français, disait autrement : « Je ferai ce que je dis et dis ce que je ferai ». Emmanuel Macron dit seulement : « En marche ! », ce qui n'est ni une promesse ni une politique ni un programme, mais une simple injonction, conforme au refrain de l'hymne national « Allons enfant de la patrie... »*

(Sur le sujet « Prospective et politique, lire l'article de Jacques de Courson in « Futuribles », mars 2010, numéro 361)

2 - En certaines circonstances chacun comprend qu'il faut parier que demain sera « meilleur » qu'hier, sinon chacun pensera que tout changement est périlleux, donc funeste. La sagesse populaire dit ainsi toujours : « Un tiens vaut mieux que deux tu l'auras » ou « C'était mieux avant » ou même « On ne change pas une équipe qui gagne ». Pour que l'adhésion au futur annoncé soit possible il faut donc que le but soit clair, le « cheminement » possible et les efforts proportionnés. Tout dirigeant, et tout père de famille – et même tout lecteur d'un livre sur l'avenir « possible » - le sait d'instinct. Pour chacun l'aventure du futur – même minuscule – doit « faire sens », et ce d'autant plus que le risque est grand et la décision irréversible, comme dans le cas d'une déclaration de guerre, d'un « tir au but » au foot ou d'une opération chirurgicale, l'essai/erreur ou le « retour à meilleure fortune » étant exclu.

3 - Chacun sait ou du moins pressent que par exemple l'immobilité – en tous domaines – est dangereuse. Ainsi le détenu (et son gardien) sait, parce qu'il le vit, que rester enfermé sans jugement dans une cellule de 9 mètres carrés plusieurs mois (ou même années) rend fou assurément et pour un leader syndical qu'une grève doit avoir un terme. Pour être supportable tout délai supplémentaire, toute attente vaine, toute rupture inexpliquée doit avoir une raison, un sens, un motif pour être acceptée. Le *« message »* de la SNCF, en cas d'arrêt en pleine voie sans raison, donne le motif de l'arrêt et fait ainsi patienter les voyageurs.

Le futur n'a ainsi du sens que s'il correspond à une raison ou une nécessité, ou mieux s'il offre une espérance, ce que les grandes idéologies, croyances ou religions enseignent depuis toujours à leurs adeptes, que ce soit le «grand soir», le «mariage pour tous» ou le «jugement dernier». **Dans avenir, il y a venir, du moins nécessairement.** Car l'homme a quelque curiosité pour ce qui vient. Sinon à quoi bon continuer... à vivre. Charles Péguy parlait ainsi de la «petite espérance» et Jean-Claude Guillebaud nous enjoint de «réenchanter le présent en y réintroduisant l'avenir».

4 - Allons plus loin: se tourner vers l'avenir est nécessaire, voire parfois indispensable. Ainsi le proverbe italien dit: «Le monde appartient à celui qui sait le prendre». Chacun peut comprendre le sens de ce dicton, parce qu'il en fait à chaque instant l'expérience, pour lui comme pour ses proches. Mais chacun sait aussi comme l'enseignait Winston Churchill, l'ancien Premier ministre britannique et prix Nobel, que: «Il est toujours sage de regarder en avant. Mais il est difficile de regarder plus loin qu'on ne peut voir». Sage précepte. Tout le talent du prospectiviste vient en effet de ce qu'il doit être capable de «penser» l'avenir, entre «à tout de suite» - comme disent les jeunes pressés de notre temps – et «un jour, peut-être». Les arabes disent *« Inch'Allah »*, que l'on peut traduire par: «Si Dieu le veut bien». Regarder le passé entretien l'amertume, le regret, le dépit. L'avenir au contraire étant par nature infini, on peut essayer de le penser sans aucune contrainte, afin de le rendre meilleur, plus proche ou au moins ouvert, disponible en tout cas. C'est le pari sur des «futurs possibles».

5 - En allant jusqu'au bout: «L'avenir n'est pas à rêver. Il est à faire». Ce précepte vigoureux du philosophe André Comte-

Sponville, in «Le goût de vivre», consolide et poursuit aujourd'hui ce que disait dès 1950 un autre philosophe : Gaston Berger. Fabriquer du futur - comme nous le verrons au chapitre 6, et comme nous y encourage André Comte-Sponville - c'est considérer que non seulement **le futur peut avoir un sens, parce qu'il est entre nos mains, mais à « faire », parce que « c'est possible** » dit Gaston Berger. Maurice Blondel disait : « L'avenir ne se prévoit pas. Il se prépare ». Oui, mais comment ? C'est l'objet de ce chapitre 2, qui tente de répondre à cette interpellation.

Si le futur a du sens, c'est qu'il est possible de l'identifier, s'il existe, ou de le construire, s'il n'existe pas encore. Mais à quelles conditions et comment ? Tous ceux qui ont tenté l'expérience attirent l'attention – auditeurs ou lecteurs – sur quelques préalables. Nous y reviendrons dans le chapitre final de l'ouvrage.

2. Les « magiciens » du futur

L'avenir fut longtemps considéré comme une illusion et l'est le plus souvent pour beaucoup de nos concitoyens. Il échappait à la raison, mais proliférait sur les marges, car l'homme ne cesse jamais de « penser le futur », mais comme un rêve, une hypothèse ou selon un déterminisme abstrait, une logique absurde, ou funeste. Pour beaucoup penser l'avenir conduit inéluctablement à la mort ou à la « fin du monde ». C'est donc une pensée de « Satan », d'où l'opprobre qui n'a cessé de peser sur les « magiciens », les prophètes, les voyants et « diseurs de bonne aventure ». Paul Valéry, prudent, disait – ce que pensent la plupart des mortels et des savants : « Je prévois, donc je me trompe ». La prospective ne serait alors qu'une pensée qui ne repose que sur du vide.

L'invention de la prospective par Gaston Berger dans les années 50 est donc – n'ayons pas peur du mot – une véritable « révolution » intellectuelle et idéologique. En effet, il ne dit pas seulement que le futur existe, ou peut être imaginé, mais qu'il peut et doit être voulu, construit. Autrement dit **il fonde une nouvelle philosophie du futur en niant tout déterminisme,**

toute « pensée magique », romantique, scientifique ou religieuse du futur, avec une nouvelle conviction : l'homme est responsable de son avenir, responsabilité qui est fondée sur la possibilité qui lui appartient en propre, et à lui seul, de définir, de vouloir et de mettre en œuvre ce qu'il souhaite. Le futur n'est plus à deviner ; il est à entreprendre, continument, et dès demain matin. Il écrit : « L'avenir est affaire de volonté ».

Parmi les « magiciens » du futur seuls comptent vraiment les prophètes. Ils sont de trois types : les « prophètes de malheur », les prophètes devenus « fatigués » et les fanatiques.

- Les premiers sont à la mode. Ils sont de tous les temps, particulièrement aujourd'hui. Ils sont à ce point à la mode que le quotidien « Le Monde » leur a consacré tout au long de l'été 2018 une tribune hebdomadaire intitulée sobrement, comme si c'était une affirmation : « C'était mieux avant ». Ainsi Michel Serres, académicien, philosophe et scientifique de grand renom, auteur de « La petite poussette », aujourd'hui décédé, ne craignait pas de dire que paradoxalement non seulement « Ce n'était pas mieux avant » mais... que « Cela pourrait être pire après » !

- Les prophètes « fatigués » répètent en boucle le même refrain depuis des lustres : il faut « arrêter la croissance » - si ce n'est décroître – et revenir à la « terre » (le *lobby* Rabhi et consorts), à la marche à pied, à l'économie « verte », au transport « doux » et à la « nature. Aujourd'hui ces prophètes sont lus et crus par les médias et les éditeurs avec grand succès. Les prophètes de bonheur, quant à eux, se terrent ou n'arrivent pas à se faire entendre. Refrain connu : la presse ne parle jamais des trains qui arrivent à l'heure, préférant les catastrophes ferroviaires. Même le quotidien « La Croix » titre en une « Ralentir ».

- Les fanatiques rêvent d'une « économie sans usine », de la destruction des villes, de la fin de la médecine, de l'enseignement, du tourisme, du commerce et de la « rencontre » - remplacés par des robots -, de la disparition de la différence entre les sexes, du « transhumanisme », de l'eugénisme pour demain matin....

D'autres plaident pour la « décroissance » ou sont convaincus qu'il ne faut plus faire d'enfants ni manger de la viande, voire de supprimer les « maris »...

Si les prophètes ont disparu, ils renaissent toujours, en particulier dans les temps troublés (voir sur ce point « Prophéties et prophètes de tous les temps » de Pierre Carnac, Pygmalion, 1991).

3. Les 7 fondamentaux de la pensée prospective

Les 7 « fondamentaux » sont les suivants :

1 - Penser les futurs possibles oblige d'abord à faire un « état des lieux » sans concession de la situation présente et donc à reconnaître ses propres imperfections et - plus cruel - celles qui nous sont reprochées par « les autres », ce qui n'est guère réconfortant mais apprend l'humilité. Commencer par se frapper la poitrine et regretter que l'« on » s'est parfois trompé par ignorance, orgueil ou malhonnêteté n'est guère dans le tempérament national français. Se regarder sous le regard des autres, et constater ses failles, erreurs et turpitudes domestiques est encore plus douloureux et peu « vendeur » vis à vis de l'opinion, et ce d'autant plus qu'en France on est généralement mieux organisé – et depuis longtemps – pour défendre son « clan », son administration et son image que pour reconnaître ses erreurs passés. Les dirigeants français de la « noblesse d'État » - comme les stigmatisaient Pierre Bourdieu - sont des experts en ce domaine.

En matière de diagnostic, Denis Diderot (1713-1784) avait déjà tout prévu il y a près de quatre siècles. Il écrivit: « Dire que l'homme est un composé de forces et de faiblesses (...) Ce n'est pas faire son procès, c'est le définir ». La plupart des exercices prospectifs sont ainsi engagés sur des bases contestables et sommaires, conformes le plus souvent à l'image que le commanditaire a de sa propre situation, et souvent aussi - plus grave - de son passé si ce n'est de l'avenir qu'il souhaite pour lui-même.

2 - Regarder la situation présente en face, c'est risquer de **se retrouver « nu », dépourvu et découragé à jamais, avec le risque supplémentaire d'affronter les moqueries et sarcasmes de tous ceux – jaloux ou pervers, en interne comme en externe – qui clameront toujours qu'ils le « savaient bien », et depuis longtemps.** Mais c'est surtout affronter les dangers - parfois occultes ou masquées - de sa propre impuissance à rebondir, surtout quand cela « va mal ». Quel expert en prospective n'a alors été tenté - ou obligé - de « bidonner » ses conclusions, truquer les chiffres ou à minima mentir par omission en cas de diagnostics et/ou de propositions pessimistes, voire catastrophiques pour le commanditaire (voir encadré)

Anecdote

Faut-il mentir par omission concernant des futurs peu réjouissants, mais cependant très probables ?

Il y a longtemps, je fus sélectionné pour réaliser le « diagnostic stratégique » d'un département français d'outre-mer : la Guyane française. Sur place et par trois fois, dans la torpeur tropicale, j'ai rencontré personnellement – sur ordre – tous les chefs de service de l'État, mais pas les élus ; puis le préfet a organisé une restitution de synthèse de mes consultations, suivie de quelques simulations et scénarios des « possibles » de mon cru. Résultat : 3 tomes d'un épais rapport. Le préfet m'a félicité (et payé), mais a mis comme condition à la diffusion générale de mes rapports la suppression de quelques pages « sensibles », sur des évolutions lourdes dont personne ne m'avait parlé, mais qui m'avaient parues à terme et d'évidence possiblement explosives : démographie déséquilibrée, chômage grandissant des jeunes, insécurité en forêt et à Cayenne, non respect du droit de construire, banditisme en provenance du Brésil, activités industrielles délictueuses, sur- rémunération des fonctionnaires, tourisme très faiblement développé par excès de cupidité, flou délibéré sur le foncier, détournement de l'histoire coloniale etc.

J'ai essayé de résister... Mais je sais maintenant, vingt ans plus tard – la suite l'a montré début 2017 - que je ne m'étais pas trompé sur la gravité de la situation.

3 - Dire la vérité du futur « estimé » quand il est à peu près « sûr » – même avec des « variables » ou dans des « fourchettes » - fait toujours un peu peur, mais aussi envie. Demandez à la météo, aux professionnels de la voyance, aux experts de « Bercy », à Bison Futé, aux « sondeurs » qui se trompent parfois, ou aux Britanniques pro-*Brexit* et qui le regrettent ! Bernard Tapie aurait dit, à une question d'un journaliste, dans l'affaire du match truqué Valenciennes-OM, qu'il avait menti « de bonne fois » (sic). Tous les parieurs en font autant. Et tous les hommes politiques mentent à minima par omission, parce que la vérité est souvent désagréable. Aucun expert en prévision ne dit donc jamais totalement la « vérité » du futur, parce qu'il ne peut pas la connaître « avant », mais qu'il ne peut pas le dire, sauf à se prendre pour un devin omniscient ou un menteur, ce qui n'est guère scientifique !

4 - Bien pire : ce que personne ne sait jamais, ou n'ose dire de peur d'être moqué, c'est **la date du « retournement de la courbe »** (cf. la « sortie du tunnel » sous Jacques Chirac et la baisse du chômage sous François Hollande), **la poursuite ou non du « faux plat » et sa durée** (par exemple la croissance quasi nulle depuis dix ans en France) ou la décision de la « rupture » (par exemple des accords militaires entre belligérants « sur le terrain »). Ce qu'on sait par contre de mieux en mieux, grâce aux « big data », c'est la « pente de la courbe »... Pas plus.

5 - Le travail préalable de préparation du prospectiviste, souvent technique, long, coûteux et fastidieux, pour se préparer à « dire le vrai » des futurs possibles est toujours sain, utile, et le plus souvent même indispensable, avant de « sauter dans le vide ». Mais les commanditaires trouvent parfois ces travaux préparatoires nullement indispensables. Les prospectivistes savent bien que pour conjurer le risque de se tromper et de tromper son « public », mieux vaut être prudent, solide et factuel afin d'être assurés de quelque crédibilité dans les recommandations finales. **Le travail de constitution du « socle » du présent est inséparable de l'incertitude du lendemain,** et donc de l'angoisse non feinte - pour le prospectiviste comme pour son commanditaire - de transgresser le « plafond de verre » du futur, futur qu'il sait par nature incertain et fragile, et parfois même surprenant.

Anecdotes

Comment convaincre un dirigeant qu'un travail sérieux de prospective peut lui être utile ?

La plupart des dirigeants – publics comme privés – n'ont, par nature, guère d'inquiétudes sur l'avenir et en tout cas aucun doute sur leur destin personnel ni sur celui de la structure (entreprise, association, collectivité territorial, pays même etc.) dont ils ont la charge. Ils ont donc peu d'intérêt pour la prospective, étant persuadés eux-mêmes, ce que confortent leurs « entourages », pensant qu'ils sont the right man a the right place. Sinon ils feraient autre chose !

Je me souviendrai longtemps de mes débats passionnés avec Fernando Henrique Cardoso, jeune professeur de sciences politiques à Sao Paulo, à l'époque (1972) où, expulsé du Brésil au Chili en 1968 puis de retour volontairement dans son pays, il était interdit d'enseignement à l'Université de Sao Paulo par les militaires au pouvoir. Il publia deux livres (non traduits) intitulés « Implantaçao do sistema oligarquico » et surtout « O modelo politico brasileiro ». Trente ans plus tard, et après un mandat de sénateur de Sao Paulo puis une carrière ministérielle brillante (Affaires Étrangères, Finances), il fut élu en 2005, et au premier tour.président de la République du Brésil, puis réélu pour un deuxième mandat ! Il ne s'était pas trompé ! Et ne manquait ni de perspicacité sur le diagnostic, ni de courage, ni de ténacité. FHC avait une pensée claire des enjeux, pensée qu'il consacra ensuite – marche par marche - à la conquête du pouvoir politique. FHC n'était pas à l'époque un prophète, même condamné par le « système » ; c'était un actif de la pensée.

6 - Ce renversement de la pensée sur le futur – qu'illustre par exemple l'itinéraire de Fernando Henrique Cardoso comme de bien d'autres plus modestes - condamne l'idée courante – encore répandue aujourd'hui - que l'avenir est à craindre, qu'il est « dicté » par les « circonstances », « les autres » ou « l'histoire », qu'il est pour l'essentiel prédéterminé, imposé, et que **donc seuls les pessimistes ont raison**. Pour Karl Marx, c'est plus simple: « Il ne s'agit pas de comprendre le monde. Il s'agit de le changer (...) **Toute construction utopique est réactionnaire** ». Pour Nelson Mandela, la « volonté » de « refaire le monde » est totale : « On a pas à accepter le monde tel qu'il est. **On peut le refaire tel qu'il devrait être** ». Fernando Henrique a rebâti le Brésil tel qu'il devait être, selon lui. Hélas Jair Bolsonaro est en train de détruire ce qui fut construit par son prédécesseur !

7 - Enfin la tentation pour le prospectiviste est toujours de soit prédire le pire - de façon a être entendu - soit, au contraire, de « vendre du rêve », pour faire plaisir. Attention à la manipulation, inconsciente ou pire consciente : ce qui est malhonnête est dangereux. Ce que dit ou écrit le prospectiviste c'est « sa vérité », invérifiable le plus souvent et rarement contesté. Danger. Ainsi le gouvernement de W. Bush certifia devant les caméras du monde entier que les Irakiens détenaient des armes chimiques en grande quantité – ce qui était faux –, lui permettant de justifier l'invasion de l'Irak. Il est toujours tentant de « raconter une histoire » à ceux qui ne demandent que de vous croire, ce qui est à la base des « contes pour enfants », des promesses électorales comme du *storytelling*. Le plus courageux pour le prospectiviste est de dire : « Je ne sais pas »

4. Le futur comme émotion

Le futur, même et surtout proche, crée une appréhension de ce qui va être bientôt et donc procure une émotion, naturelle et quasi-automatique, par le fait même qu'il est imaginé, dessiné, dit ou écrit, sans pouvoir déjà le « connaître », le voir, le « toucher » ou l'entendre. D'où un trouble émotionnel, qui peut être un handicap ou une force. Ainsi les joueurs de bridge, les architectes, les artilleurs, les joueurs d'échec, les « sabreurs », les « joueurs de pétanque » ou les « lanceurs de couteaux », et encore plus les « tireurs au but » en football, connaissent cette **émotion de l'immédiat**, cette douce euphorie qui saisit le « joueur » affronté au hasard, ou presque, de « l'instant décisif » comme le disait Henri Cartier-Bresson en photographie.

Anecdotes

Le « tireur au but »

Tous les artistes de spectacle vivant connaissent cette émotion – ce « trac » - qui saisit l'acteur, après les « trois coups », avant d'entrer en scène. Il en est de même pour l'écrivain avant d'inscrire en haut de page l'incipit d'un nouveau livre, pour l'orateur qui monte à la tribune de l'Assemblée Nationale, pour le joueur de l'équipe de rugby lorsqu'il sort du « tunnel » du stade, pour le musicien quand il « attaque » le canon de Pachelbel ou la Messe en si de Jean-Sébastien Bach. Tous savent et sentent, même s'ils ont du métier, qu'ils prennent un risque, qu'il vont vers leur « avenir proche », sans filet de protection ni « souffleur ». Ainsi tente de chasser son émotion le grimpeur en « libre », qui a mis en mémoire dans sa tête et dans son corps la « voie » qui va lui permettre de « sortir » vers le haut, sans trembler et sans hésiter à aucun moment. Tous savent qu'ils sont là uniquement pour « ça », et seul, et que ce « ça » est inscrit au cœur de leur « travail ». Avant de basculer vers ce qui n'existe pas encore et ne dépend que de lui, le musicien, le comédien, l'orateur comme le grimpeur a peur. Il tremble, et certains se recueillent ou se signent, comme le toréador avant d'entrer dans l'arène.

Ainsi le prospectiviste, qui va déchirer le voile du temps présent et donner à voir ou entendre ce qui pourrait advenir, craint toujours de se tromper, de ne pas être cru ou entendu, et de sombrer dans le ridicule. Basculer dans le vide d'un temps ignoré est toujours une émotion, celle du danger, de la chute ou du « rire ». Cela suscite toujours une poussée d'adrénaline, crainte et bienvenue, comme l'artiste devant la toile vierge ou le grimpeur sans assurance au bas de la paroi verticale.

Ainsi pour le comédien, pour conjurer cette peur du « trou » - ce qui peut toujours advenir -, ou même pour tout exploit sportif, militaire ou politique, il est nécessaire non seulement de « travailler » sans relâche ses « fondamentaux, » sa « matière », ses instruments, sa technique et sa mémoire avant de « lâcher prise », même pour un court instant, vers ce qui va arriver : l'œuvre, l'acte, la parole publique. Et plus le travail préalable est puissant, enraciné, répété sans relâche, plus l'acteur, le musicien, le sculpteur, l'architecte, l'écrivain, l'homme politique en meeting ou le grimpeur en « falaise » est libre, et heureux. Et le public le sent, le sait, admire le travail de l'artiste et applaudit, et se lève parfois avant le baisser de rideau pour libérer son émotion en « standing ovation ». Et sur la fin de « Hamlet » ou de la symphonie, ou même au bout du bout de sa propre vie, tout homme est étreint par l'angoisse, par le « mur » du mot fin. **Marguerite Yourcenar dit ainsi qu'à la fin de ses livres elle ressent « une espèce d'ivresse. Ensuite on ressent un vide, un grand vide » écrit-elle.**

En matière de prospective, c'est pareil, sauf que le « texte » n'est pas écrit, que le « souffleur » n'existe pas et que l'acteur du one man show ne peut pas répéter son texte avant son entrée en scène, puisque le texte « vrai » de cet « acte » n'a pas toujours été écrit et ne le sera peut-être qu'après, ou jamais. René Char écrit : « Va vers ton risque. A te regarder ils s'habitueront ». **Seuls les journalistes des temps à venir pourront, mais seulement d'ici quelque temps, décrire et dire ce qui nous reste à vivre, donc vérifier que ce qui a été dit, dessiné ou peint, ou écrit, en se retournant, est « juste », conforme aux prédictions.**

> *« Je crois au hasard. Exactement »* Nicola de Staël
> *« L'avenir n'est pas une amélioration du présent. C'est autre chose »* Elsa Triolet
> *« Le temps se lève... Il faut tenter de vivre »* Paul Valéry
> *« Et dans l'éternité je ne m'ennuierai pas »* Paul Veyne

Les « solitaires de la scène » en tous domaines – avocat, comédien, homme politique etc. -. aiment le futur immédiat et s'y meuvent avec aisance, car ce qu'ils vont dire est « en bouche » depuis longtemps, parfois depuis l'enfance. Ils n'ont peur que du public qui, même s'il a payé, s'en va parfois, un à un, en faisant claquer son fauteuil et sans s'excuser. Eux, ils restent sur le plateau, par nécessité et jusqu'au bout, seuls, mais «au dessus» et sous les projecteurs, avant les applaudissements.

L'émotion de l'entrée en scène – ce moment qui ouvre le spectacle qui ne s'arrêtera plus - n'est jamais un handicap pour ceux qui font profession de comédien, mais constitue au contraire un moteur, un pari, une exigence de «faire» ce que personne n'a fait avant lui, un acte de création, unique : continuer à dire, les yeux ouverts, en «jouant», à neuf chaque soir, selon les règles de son art. Les hommes politiques de même. **Mais les prospectivistes, ces comédiens du futur inventé, font encore plus : ils sont condamnés à parler et écrire un texte qu'ils doivent «créer»**, sauf à trahir le métier dont ils connaissent les règles. **Ainsi tromper son «public», ce serait fuir sa responsabilité première de dire - ou du moins essayer de dire - ce qui vient ou pourrait advenir, et qui n'est jamais écrit et parfois ne le sera jamais.** Et son métier est de ne jamais mentir ni hésiter ni faire semblant, et ce aussi bien pour demain matin que pour après-demain. Dire que c'est la «fin de l'histoire» est une faute, et même une trahison, au moins un mensonge.

Ajoutons que l'émotion du prospectiviste peut aussi naître plus tard et en lui même, soit par la satisfaction d'avoir vu juste, soit par l'amertume - ou la fureur - de s'être trompé, ou pire d'avoir trompé son commanditaire, en **s'apercevant que ce qui advient (après) n'est pas ce qu'il avait prévu, dit ou écrit (avant).**

Anecdotes

Heurs et malheurs de la prospective territoriale

J'ai, pendant des années, travaillé pour Joël Batteux, à l'époque maire de St Nazaire (Loire-Atlantique), cinq fois réélu. Il a transformé sa ville. J'eus le vif plaisir de revenir plusieurs fois sur le site depuis vingt ans, cette fois comme promeneur nostalgique, dans cette ville portuaire à laquelle je suis très attaché. A chaque fois je fus réjouis de voir que cette ville - jadis très ingrate - revivait, progressait, embellissait, se couvrait de cinémas, de logements neufs, d'un hôtel de grand standing, d'un magnifique musée sur

les paquebots (« Escale atlantique »), niché dans une des boîtes de l'ancienne base sous-marine, d'arbres, de fleurs et de petits logements de couleur vive, au lieu dit le « Petit Maroc ».... et que notre travail n'avait donc peut-être pas été inutile.
Par contre, le « grand projet » pour la nouvelle capitale de l'Afghanistan, au nord de l'aéroport actuel, que nous avions imaginé en 2006, n'a pas reçu, dix ans après, même un début d'exécution, le nouveau président de la République n'ayant pas donné suite à notre projet, pourtant lauréat de la compétition internationale.
A l'inverse le premier schéma de « prospective régionale » de la Région Nord Pas de Calais - une première en France - auquel j'ai participé il y a cinquante ans avec Jacques Poulet-Mathis et d'éminents confrères devenus des amis – a été aujourd'hui totalement exécuté, sauf...pour la ville de Roubaix, qui s'enfonce dans le noir et le désespoir, malgré « La Piscine », le plus beau musée industriel de France, que nous n'avions même pas imaginé !

La question demeure : les artistes, en matière d'avenir, ont-ils toujours raison ? René Char tranchait par une alternative: « Il n'y a que deux conduites dans la vie : ou on la rêve ou on l'accomplit. Dans les deux cas on est sans destination sous la chute du jour, et rudoyé ». Le poète ne délivrait qu'un seul viatique: « Impose ta chance, serre ton bonheur et va vers ton risque. A te regarder ils s'habitueront »

5. L'appétit (contrarié) du futur

Nombreux sont ceux qui soutiennent l'idée contraire que « lever le nez du guidon » pour se mettre en « bascule avant » est un leurre, une faute, une erreur et même un « péché ». Pour ces critiques de la prospective (sur la base de la ritournelle : « Un tiens vaut toujours mieux que deux tu l'auras »), l'avenir nous échappera toujours. **De plus consacrer des forces, du temps, des talents et de l'argent à pronostiquer est une fuite devant nos responsabilités et les urgences de l'heure, « ici et maintenant ».** Ce serait un « leurre », une faute contre l'esprit, un « faux » caractérisé et une tentation de flagornerie, voire un péché d'orgueil que de réfléchir à ce qui nous attend. L'avenir, pour eux, est le domaine des poètes, des enfants (les poètes n'étant que de « grands enfants »), des scénaristes et des velléitaires. Le courage c'est – serait ? – de ne s'occuper que du présent. Plus grave, nombreux sont ceux qui estiment que la prospective est un luxe de « pays riches », affirmation combattue par Riel Miler, ardent défenseur à l'Unesco des travaux de prospective menés par les pays dits du Sud, et d'Alioune Sall, grand maitre de la prospective des pays africains.

En ces matières difficiles, le « réaliste » a bien sûr toujours raison contre le « rêveur ». Prédire est pour le réaliste une faute morale, une fuite, un échappatoire, donc une faiblesse. Car elle consiste à « violer » un territoire qui n'appartient qu'au hasard, au « destin » ou à Dieu. Comment leur faire comprendre que « penser l'avenir » - au moins essayer – est utile, plaisant, toujours nécessaire et procure parfois du plaisir ? Qu'est-ce qui fait qu'un prospectiviste a du goût, de l'envie et donc l'ambition d'apaiser quelque peu l'angoisse de celui qui appréhende le monde qui vient, et donc de le libérer, de lui donner envie d'entreprendre.

Si malgré cela vous êtes de la catégorie de ceux qui n'ont pour l'avenir – comme la plupart de nos contemporains - guère de considération et aucun « appétit », fermez ce livre et parez au plus urgent, sans tarder, avant d'être englouti par le futur proche !

Le sage plaide toujours en effet - c'est son rôle - qu'il faut d'abord s'occuper de résoudre les problèmes du jour, avant de « rêver l'impossible ». Certes, mais après ? Qui dira où nous allons, si l'on n'enseigne pas d'abord le doute et le désir d'avenir, comme le fait la prospective ? Edgar Morin, dans « Les sept savoirs nécessaires à l'éducation du futur » publié par l'Unesco, prescrit d'« Enseigner l'incertitude ». Mais si le « désir d'avenir » est absent ? Confucius a déjà répondu à cette question centrale, cinq siècles avant le Christ, en disant – de façon ambiguë et par la négative: « Qui ne se préoccupe pas de l'avenir lointain se condamne aux soucis immédiats ».

En termes plus contemporains, la sagesse populaire dit : « Mieux vaut prévenir que guérir » et elle a raison. Jean Cocteau disait mieux, et avec humour : « L'avenir n'appartient à personne. Il n'y a pas de précurseurs. Il n'y a que des retardataires ».

Anecdote

J'ai souvenance du maire d'une ville-préfecture de l'Ouest français. Il était âgé mais vif, très populaire et connaissait admirablement sa ville. Il n'avait jamais été candidat à une autre élection que celle de maire, se succédant à lui-même depuis la dernière guerre me dit-on. Il faisait sa tournée tous les matins, relevant dans son carnet noir chaque détail : affiche arrachée, école à repeindre, passage piéton à restaurer, feu à remplacer ou déplacer..etc.. Au retour de sa tournée, il donnait ses instructions aux services. Après deux années de travail avec un collègue, je du un matin plancher devant le « comité de pilotage » auquel, selon le contrat qui me liait à la municipalité, je devais proposer plusieurs scénarios possibles d'évolution de la ville. Le maire écouta un moment. Puis, très vite, il me coupa sèchement la parole, ne pouvant supporter mes « élucubrations », au prétexte - irréprochable - que je ne pouvais lui dire - moi « parisien » à lui maire depuis cinq mandats -, ce que « pouvait » devenir sa ville, qu'il connaissait mieux que quiconque. Il conclut : « Je ne supporterez pas plus avant ce que je considère comme une provocation. Qu'est-ce qui vous fait dire ça ? ». Ce maire préoccupé du seul présent de sa ville est mort quelques années plus tard, laissant la place à son premier adjoint, conseiller d'État, qui commençait à s'impatienter.

Morale de l'histoire : est ce que tenter de penser l'avenir est présomptueux et illégitime, surtout quand c'est l'objet du contrat ? Même question quand il s'agit de votre famille, entreprise ou association, et même de votre pays, voire de la Terre ou de vous seul ? Est-ce alors légitime et même utile de s'interroger sur demain ? Et quand il s'agit de vous, rares sont ceux dont vous tolérerez qu'ils vous interpellent ou vous dictent quelques recommandations. La prospective est en effet un exercice dangereux, qui fait peur à beaucoup. Mais ce n'est qu'un « exercice », en quelque sorte à blanc, et pas une «déclaration de guerre» et encore moins une obligation de «faire». Gaston Berger disait: «L'esprit prospectif (...) ne détermine pas. Il éclaire» et Saint-Exupéry: «L'avenir n'est jamais que du présent à mettre en ordre (...) Tu n'as pas à le prévoir mais à le permettre».

6. La conquête du futur

Refuser le futur, l'ignorer ou le défier c'est aussi une manière - certes paradoxale - de constater qu'il est «là», comme un «mur», un obstacle, un vide, une absence, certes tragique parfois, mais dont on ne peut jamais nier qu'il va advenir. Pour tous les scientifiques, hommes politiques ou «conquérants de l'inutile» (titre du livre du guide de montagne Lionel Terray), le futur apparaît le plus souvent comme un objet de performance inédite, et parfois de plaisir et en tout cas comme la source d'un vif intérêt de conquête. Il rend libre et souvent clairvoyant, alors que le passé rend aveugle et sourd, en tout cas ignorant de tous les possibles, qui sont connus et donc sans surprise ni émotion.

Tous les « grands » ont vis à vis de l'avenir un appétit d'ogre. Par exemple tous les hommes politiques sont passionnés par la définition de leur stratégie et galvanisés par la proximité des échéances électorales. Ils seront alors applaudis quasiment chaque soir, comme tous les comédiens de théâtre, même et surtout si le risque est grand de tout perdre... ou gagner. Sans parfois même se l'avouer, tous «aiment ça»: ce plaisir d'être offert, donné, applaudi ou «sifflé», seul sur l'estrade ou face à la caméra, toujours convaincus d'être «élu» comme étant «le (ou la) meilleur d'entre nous» (Jacques Chirac à propos d'Alain Juppé), est irrésistible. **L'homme politique est un gourmand de l'avenir et y met d'autant plus de « détermination » que son destin est lié à celui de l'opinion que ses électeurs ont de lui,** et c'est la même chose pour un dirigeant d'entreprise de ses administrateurs, de son personnel et de ses clients.

Cette passion du futur désiré, envié, voulu, conquis, fascine toujours élus, comédiens, sportifs, dirigeants de toute sorte, et même les téléspectateurs, qui sont « scotchés » devant leur poste pour regarder des combats sportifs grandioses (foot, tennis, rugby), comme s'ils y étaient! Tous les hommes politiques savent pourtant d'expérience que le risque est gros de tout perdre, ou tout gagner, pour cinq ou six ans !

Cette fascination pour le futur est celle du conquérant, du pionnier, de l'aventurier, de l'officier à la tête de ses « troupes », qui ne regarde jamais en arrière parce qu'il est tout entier dans la conquête. Il se projette dans l'« en avant », au delà de lui-même, dans un avenir « glorieux ». On connaît cette « appétit » chez les leaders politiques, mais aussi chez les grands sportifs, les stars du spectacle, les dirigeants d'entreprise, qui sont – non sans quelque romantisme aveugle – tout entier investis dans leur rôle et parfois enivrés par leur succès.

Anecdote

L'ivresse de l'avenir radieux

Miguel Colasuonno, économiste brésilien, fut maire de Sao Paulo (12 millions d'habitants à l'époque), après avoir été directeur de l'Institut de Recherche Économique de l'Université de Sao Paulo, au temps de l'apogée du « miracle » sous le régime militaire (1964-1985). Je l'ai bien connu, comme disciple de Delfim Netto, le ministre des Finances de l'époque. Il exprimait sans aucune retenue, dans des termes emphatiques très brésiliens, son plaisir d'être devenu le nouveau « dieu » de sa génération : « Tout pays, à un moment donné, a la sensation que, par un concours de circonstance, c'est l'heure de sa chance, que c'est le moment de faire de grandes choses. Notre heure va venir ; notre heure vient. C'est notre moment. Nous ne chercherons pas pourquoi. Nous entrerons dans le travail comme nous sommes entrés dans la danse. Car nous sommes capables de grands sacrifices et nous avons de grands appétits »

Miguel Colasuonno, octobre 1972, interview dans « Veja », traduit par l'auteur

7. L'avenir est toujours une provocation

Toutes les histoires de futur sont inventées et donc – comme les contes pour enfants, les thriller, les films de gangsters et les romans policiers – font un peu peur, car on ne sait jamais comment ils vont finir et si le héros va s'en tirer. C'est la règle du jeu et le lecteur s'y attend. C'est l'adrénaline qui fait le succès ou l'échec d'une « histoire » inventée. Mieux vaut donc pour l'auteur ménager le suspens qui conduit à la « chute ». Ce fut le cas pour les 52 villes dont j'ai imaginé les futurs possibles dans mon livre intitulé « Zanzibar. Histoires pour après-demain » (L'Harmattan, 2011). Certains prospectivistes, par prudence, ne signent que d'un pseudo, craignant les foudres des lecteurs mécontents ou des héritiers présomptifs des « héros », bien mal récompensés. **Car l'avenir, surtout si les évènements attendus sont lourds de conséquences, est craint, le plus souvent même considéré comme menaçant, dans la fiction comme dans la réalité.**

Au contraire raconter le passé – même lointain, embelli et arrangé (personne n'ira vérifier, car « c'est trop tard ») – est toujours conçu comme un hommage – même inversé - aux « héros » du « temps jadis ». Raconter le passé est donc rassurant... parce qu'il est « passé », et que le plus souvent, comme dans le film « Dunkerque », les acteurs « vrais » sont morts et ne peuvent donc contester le désastre avéré. Par contre dire l'avenir, quelque soient les variantes, justifications et explications, est toujours perçu comme transgression du « réel » à venir, parfois même une « injure » aux responsables futurs.

L'accusation la plus véhémente contre la prospective s'exprime ainsi le plus souvent par un vibrant : « Non ! Ce n'est pas vrai ! ». Or elle affirme – avec raison - que le futur annoncé ne peut être « la » vérité » (que personne ne connaît par définition), mais qu'au contraire la vérité du futur ne peut être au mieux que plurielle, ou en tout cas différente de ce que chacun croit ou imagine comme « vrai », en raison d'évènements contingents et totalement imprévisibles qui interviendront. C'est un des principes fondateurs de la prospective. En cela elle s'oppose à la prévision. Le futur est en effet pour le prospectiviste toujours une surprise (Lévi-Strauss dit: « De deux choses l'une, et c'est toujours une troisième qui survient ») et surtout un « possible » ou même des « possibles » pluriels. En ce sens, pour ceux qui prétendent savoir de quoi demain sera fait, la prospective est une provocation, en ce qu'elle nie leur « savoir ».

Car dire que le futur est pluriel est une mise en cause du savant, qui lui « sait » ou en tout cas « cherche », « doute ». Le réflexe action/réaction des « professeurs » est alors de nier ce que dit le prospectiviste... puis, parfois même, conseille au Prince de le licencier, voir de le condamner - ou du moins de l'accuser de prétention, s'ils persiste à refuser de se renier. Ainsi a fonctionné le procès de Jeanne d'Arc à Rouen, la Controverse de Valladolid, les mises en cause de Copernic et de Galilée, puis plus tard la condamnation de Luther. En plus, le « dire du futur », quand il n'est pas conforme à la doxa en vigueur, est insupportable pour le pouvoir. Par exemple le « J'ai fait un rêve » de Martin Luther King était pour les responsables américains de l'époque une provocation insupportable, comme le « Vive le Québec libre ! » du Général de Gaulle au balcon de l'hôtel de ville de Montréal.

A l'inverse le prospectiviste pas ou peu sérieux, mais souhaitant convaincre et flatter son interlocuteur, soulignera aisément face à un public peu exigeant ou pour un dirigeant qui a besoin d'être rassuré (il suffit pour cela de lire les journaux populaires) les périls imminents qui le menace directement (mais qu'il peut aider son interlocuteur à conjurer) ou mieux, et « en même temps », les merveilles – purement imaginaires – qui sont devant lui... Dans ce domaine certains bons comédiens - qui se disent « prospectivistes » - sont de très habiles commerçants d'eux-mêmes.

8. Peut-on « vérifier » que le futur annoncé est vrai ?

Écrire une histoire pour demain avec des personnages réels ou fictifs – mais dont certains lecteurs croient (ou peuvent) se reconnaître - est donc toujours considéré comme une provocation ou du moins un reproche adressé à ceux ou celles qui ne sont pas en mesure de dire que « ce n'est pas vrai », puisqu'ils n'en savent rien. Tout juste peuvent-ils s'insurger que l'on puisse « insulter l'avenir ». Explorer le passé est en l'espèce plus prudent que prédire le futur, car personne ne vous reprochera d'inventer, embellir ou noircir le passé, car à priori l'auteur en sait plus que le lecteur ou l'auditeur. Et celui-ci est même encouragé à rectifier, compléter, prolonger le propos. Par contre, pour ce qui concerne les « histoires » futures, par définition inventées, tous les auteurs de fiction esquivent avec raison l'accusation de « faux », puisque la réalité de l'histoire ne sera contestable que plus tard.... ou à la fin de l'histoire, ou en tout cas après, ou jamais, après « le déluge » ou la mort du héros. C'est le thème d'innombrables romans, polars et de la littérature de science fiction, dont la « clé » n'est donnée... qu'à la dernière page ou jamais.

Le prospectiviste ne devine pas, n'annonce jamais comme « vrai » ce qui « va » se passer, mais seulement ce qui « pourrait advenir ». C'est donc un provocateur, un « magicien »... ou plus simplement, quand il se trompe d'avenir, un incompétent, parfois moqué ou mis à mort. C'est son risque et généralement il l'assume. Mais s'il a prévu – comme Hergé ou Jules Verne - ce qui allait advenir, et que ce qu'il a prévu advient, c'est alors un « génie » !

Nul ne sait ce qui sera, mais nul ne peut interdire l'avenir des possibles :
« J'aime l'ignorance touchant à l'avenir » Frédéric Nietzsche
« Ce que nous voyons advenir advient, mais il pouvait en advenir autrement » Michel de Montaigne
« L'avenir n'est interdit à personne » Léon Gambetta
« S'attendre à l'inattendu » Euripide
« Apprendre l'incertitude » Edgar Morin

Parfois même le poète ou le prophète se retire à la fin de l'histoire ou du livre, avoue son incompétence et exprime ses regrets : « Je ne suis rien (...) A part cela, je porte en moins tous les rêves du monde (...) L'avenir, je ne le connais pas. Le passé, je ne l'ai plus. L'un me pèse comme la possibilité de tout, l'autre concerne la réalité de rien. Je n'ai ni espoir, ni regrets » (Fernando Pessoa). Très rare sont ceux qui avouent qu'ils se sont trompés !

Seul le prophète dit à l'avance – c'est son rôle - « ce qui risque d'advenir ». C'est un messager qui proclame l'aveuglement du présent et la vérité du monde à venir. Il est, comme Isaïe, Abraham, le roi David, Jean-Baptiste, Jésus, Gandhi, Martin Luther King, Mandela, Ivan Illich et Che Guevara, toujours encombrant, incompris, poursuivi, condamné et le plus souvent mis à mort. Tout prophète est un gêneur, un provocateur, un danger pour le pouvoir, quel qu'il soit. Car il prétend savoir ce que tous ignorent : ce qui sera ou serait, sauf si..., à moins que... si dieu (ou Dieu) le veut ! *Inch Allah !* Ou, comme disent les Brésiliens *« Si Deus quiser »* (Si Dieu le veut). Et comme il refuse toujours d'avouer ou de se renier, le prophète « doit mourir ».

Anecdote

Une rencontre avec Ivan Illich

En regardant ce matin là Ivan Illich à Cuernavaca (Mexique), j'ai pensé à tous les exilés volontaires, à Trotski, à Gandhi, à Mandela, à tous ces prophètes qui pensent en avant de nous et que toujours les princes veulent faire taire, car ce qu'ils disent, proclament ou écrivent finira presque toujours par advenir, et que ces paroles font donc peur, car il est toujours difficile de distinguer les « faux prophètes » qui pullulent des « vrais » souvent peu bavards, les « fake news » des « petits faits vrais ». Illich n'était pas un révolutionnaire, ni un « intellectuel » au sens français du terme, mais un homme qui disait haut et fort à notre génération : « Libérez l'avenir » (Seuil, 1971). Il était libre, comme peut l'être celui qui fait le choix de dire et d'écrire que ce qu'il pense est vrai, ou en tout cas le sera, même si les hommes ne veulent pas l'entendre. Il savait qu'il aurait raison, mais demain. Ce qui advint.

Ainsi le grand prospectiviste ne doute pas, ne bégaye pas, n'hésite pas ; il « sait » son texte, et le lecteur sait que ce qu'il dit du futur est « vrai ».

Anecdote

J'ai profondément ressenti cette angoisse du prospectiviste avant de « dire » les avenirs possibles, à Montevideo, capitale de l'Uruguay, le dernier jour du séminaire sur la « prospective urbaine » en 2016. Les quelques 50 participants, universitaires, hauts fonctionnaires et chercheurs d'Uruguay, mais aussi du Brésil, d'Argentine et de Bolivie, m'avait demandé, pour le dernier jours, après une semaine non stop, de leur dire « mes scénarios » pour l'avenir de leur ville. Par jeu j'avais accepté ce challenge imprudent...et donc peu dormi la veille, pour mettre en ordre dans ma tête ce que j'allais leur dire des avenirs possibles d'une ville – que je connaissais pas, une semaine plus tôt. J'avais surtout peur – moi l'étranger – de les choquer et d'apparaître comme un « bonimenteur de foire ». Ils ont applaudi, puis discuté ferme. Avant de nous séparer, après les discours (Ambassadeur de France et ministre du gouvernement uruguayen), ils m'ont « décoré » de la médaille d'honneur de la ville de Montevideo. C'est à ce jour la seule « décoration » qui m'a été accordé.

René Char écrit : *« Va vers ton risque. A te regarder ils s'habitueront »*. Seuls les historiens pourront, mais seulement d'ici quelque temps, décrire et dire ce qui nous reste à vivre, en se retournant sur ce qui a été dit hier du futur. Si Fernand Braudel a « inventé » l'« histoire longue », il nous reste, nous prospectivistes, à concevoir et construire le « futur long ». Ce sera l'objet des chapitres 6 et 7. Restons pour l'instant sur l'émotion de celui qui « entre dans son futur », les yeux ouverts mais parfois la peur au ventre.

9. Le futur et nous

Est-ce que le futur vient vers nous ou est-ce que nous allons vers le futur ? Le futur serait-il une fatalité, qui s'éloigne sans cesse, que nous devons craindre et tenir à distance, ou bien serait-il la source d'opportunités qui se rapprochent ou qu'il nous faut découvrir, et non de catastrophes qui vont nous engloutir ? Par nature les prospectivistes cherchent à rendre possible les avenirs souhaitables, et donc à rapprocher le futur souhaité du présent. Ils considèrent donc l'avenir comme une projection, un à-venir. Mais d'autres – souvent les plus populaires – préfèrent attendre, ou seulement souhaiter que le possible rencontre le souhaitable. Saint Augustin écrit dans « Les aveux »: « Le présent du passé, c'est la mémoire. Le présent du présent, c'est l'observation. Le présent du futur, c'est l'attente » (souligné par nous). Ils cultivent la patience, alors que les prospectivistes sont généralement par nature des impatients, craignant que le futur ne vienne nous surprendre « à découvert ». Ils se considèrent comme des pionniers, des aventuriers du futur, des conquérants de l'impossible. Ils forment **une tribu de l'avant-garde**. Autrement dit ils cherchent à attirer le futur souhaité et possible vers nous, alors que la plupart au contraire sont convaincus que l'on ne peut agir que sur le présent... en attendant que le futur advienne, en bien ou en mal. Les prospectivistes sont – selon la formule de Michel Godet - généralement des « proactifs ». Gaston Berger était plus explicite encore : « L'avenir n'est pas seulement ce qui peut arriver ou ce qui a le plus de chance de se produire. **Il est aussi, dans une proportion qui ne cesse de croître, ce que nous aurons voulu qu'il soit »** (souligné par nous).

Jacques Poulet Mathis, l'inventeur de la prospective territoriale, il y a cinquante ans, disait : « Le futur n'est plus ce qu'il était ». En l'espèce il affirmait que l'idée paresseuse d'un passé reconduit, même inversé, pour définir une politique d'avenir pour « sa » région du Nord, était obsolète, négative et suicidaire. Ce fut une sorte de « révolution ». Il ne s'agissait plus de revenir au passé, même s'il fut glorieux, mais de faire du neuf, délibérément. Et cette stratégie à rebours des fatalités, qui marquaient les esprits d'une région en perdition, fut à l'époque (les années 60) une surprise, un événement, puis une « promesse » pour les responsables de la région Nord- Pas de Calais,. Elle conduisit à une stratégie où se sont engouffrés Pierre Mauroy, maire de Lille, président de la Région puis Premier ministre.

Tous les grands leaders politiques, économiques et artistiques connaissent ce moment où des avenirs deviennent possibles, où la vie prend du sens, par ce que la nostalgie de ce qui fut devient vaine, inutile voire dangereuse. César, Alexandre, Mandela, Charles de Gaulle, Winston Churchill etc. mais aussi de modestes créateurs d'entreprises ont ainsi donné du sens à l'histoire en « retournant la table », puis en prenant des risques, souvent contre toute attente. Quel rôle joue la prospective en pareille circonstance ? C'est l'objet du chapitre 3.

CHAPITRE 3

PENSER QUE LE FUTUR EST POSSIBLE

Bonne nouvelle ! Oui l'avenir, l'à-venir – ce qui vient - a du sens, « fait sens », va dans le « bon » sens, porte en nous « tous les rêves du monde ». Il avance et « monte » comme disait Pierre Teilhard de Chardin dans « Le milieu divin ». Bien plus, le présent parfois « va mieux » - comme aimait à le dire sans être toujours cru l'ex-président François Hollande. La dame de la météo dit même parfois : « Une vague de beau temps arrive sur la France. L'été sera chaud et beau ». Ne boudons pas notre plaisir. Il n'est donc pas toujours vain d'espérer pour entreprendre, et persévérer.

Avant de traiter de la construction du futur (chapitres 6 et 7), il nous faut d'abord répondre à l'interrogation philosophique: est-ce que penser le futur est possible? Avons nous capacité à le formuler? Pour ce faire, nous irons à la recherche de ceux qui dans l'histoire de la pensée ont osé penser à ce qui n'existe pas encore et dont personne ne sait rien. Pierre Schaeffer, polytechnicien, ancien directeur de la recherche de l'ex-ORTF, écrivain et musicien, grand ami de mon père, disait avec humour que cette question semait toujours le trouble dans les états majors et chez les philosophes, habiles à dire le vrai sur ce qui est ou pourrait être, mais plus incertain sur ce qui n'est pas encore, et seulement pourrait être. Il intitula son livre par un paradoxe, tiré de Paul Valérie : *« Entrer dans l'avenir à reculon »*.

Après un bref rappel de ce qu'on dit et écrit les principaux philosophes de l'Occident sur le sujet, nous évoquerons ce qui tourmente ou passionne nos contemporains : leur avenir, et ceci sous mille formes variées d'expression: essais, récits, romans, films, bandes dessinées etc., et avec des mots ou des néologismes variés (utopie, futurologie, anticipation, utopie, science-fiction, futuribles etc.). Enfin nous conclurons sur ce que certains appellent la prospective de la prospective, autrement dit l'avenir même de la pensée du futur, qui s'ouvre aujourd'hui sur de nouvelles perspectives par le lancement de nouveaux chantiers, en particuliers dans les pays du Sud.

1. Bref parcours dans l'histoire de la pensée du futur

Le futur – pas plus que le passé - n'existait pas pour les Anciens. Seul comptait le présent. Pour les Grecs, la Pythie de Delphes et les nuages du mont Olympe, où siégeaient les dieux, pouvaient donner lieu parfois à quelques interprétations et prédictions. Mais ils étaient surtout préoccupés par la mort. Sénèque (4 av. J.-C.-65 après J.-C.) plaide pour que la préoccupation de la mort ne nous chasse pas du temps présent, qui est « l'unique bien, fugace et glissant, dont la nature nous a confié la possession ». Dans l'histoire de la pensée en Occident, et jusqu'à Thomas More au XVIe siècle, le futur n'intéresse guère que ceux que l'on n'appelle pas encore les « intellectuels », qui à sa suite de Thomas More – le précurseur - et dans le monde entier, vont s'engouffrer dans la « pensée du futur », après plusieurs siècles de déni et de sarcasmes.

LE FUTUR N'EXISTE PAS (DE A À Z, PAR ORDRE ALPHABÉTIQUE D'AUTEUR) :

- L'éternité c'est long, surtout vers la fin (Woody Allen)
- L'avenir dure longtemps (Louis Althusser)
- L'avenir est dans les cieux (Mustapha Kemal Atatürk)
- Un monde sans finalités est-il pensable ? (Marc Augé)
- L'avenir n'appartient à personne. Il n'y a pas de précurseurs. Il n'existe que des retardataires (Jean Cocteau)
- Je ne pense jamais à l'avenir. Il vient bien assez tôt (Albert Einstein)
- A long terme nous sommes tous morts (John Maynard Keynes)
- Toute construction utopique est réactionnaire (Karl Marx)
- Quand il est urgent c'est déjà trop tard (Talleyrand)
- Je prévois donc je me trompe (Paul Valéry)
- Nous vivons sans futur, le nez pressé contre une porte close (Virginia Woolf)
- Quoi ? - L'éternité (Marguerite Yourcenar)

L'année 2000 servit de détonateur à la pensée du futur et les évènements dramatiques du début du présent siècle, dont naturellement les attentas du 11 septembre 2011 à New York et ses suites, ont brisé l'omerta, l'interdiction de penser le futur «qui a déjà commencé», selon la pensée ironique mais juste de Michel Le Bris. Mais cela n'a pas suffit. Un chercheur américain (Francis Fukuyama) avait déjà sonné abruptement la «fin de partie» (Beckett), et fut pris au sérieux par le monde entier, en décrétant tout bonnement la «Fin de l'histoire» (1992). Rien de moins! *Best seller* mondial et fin de la prospective comme une discipline sérieuse, puisque l'histoire s'est arrêtée, dixit un savant américain, jamais – ou à peine - contesté.

Depuis ce coup de tonnerre, plus rien! Les intellectuels cherchent à «penser» l'avenir et n'y arrivent pas. Ainsi Le Monde titre le 16 juin: «Le monde qui vient», «numéro spécial» composé de deux prestigieuses signatures... d'historiens (Maurice Godelier, anthropologue, et l'inévitable Francis Fukuyama, politologue), vide de toute espérance, de toute perspective pour demain. Est-ce la fin de la pensée même du temps qui vient, de la condamnation de tout futur possible, qui ne serait qu'illusion et mensonge?

Relisons donc Thomas More, illustre avocat anglais, ami d'Erasme, chancelier du roi Henri VIII, et surtout auteur de *« Utopia »*... qui finit décapité sur ordre du roi. Il était d'un avis contraire, décrivant un monde idéal... possible. Canonisé par le pape Jean Paul II comme modèle des homes politiques, c'est le père de tous les prospectivistes. Son livre, édité à Louvain en 1516, il y a exactement cinq siècles, n'a pas vieilli.

Extraits de «L'utopie ou le traité de la meilleure forme de gouvernement» (1516) de Thomas More :
« Je suis convaincu que les ressources ne peuvent être réparties également et justement et que les affaires des hommes ne peuvent être heureusement gérées que si l'on supprime la propriété privée. Aussi longtemps qu'elle subsistera, la partie la plus nombreuse et la meilleure de l'humanité portera un lourd et inévitable fardeau de misères et de soucis (...). En Utopie la Constitution vise

uniquement (...) à assurer à chaque personne, pour la libération et la culture de son âme, le plus de temps possible et un loisir affranchi de tout assujettissement physique. En cela réside pour eux le bonheur véritable ». Thomas More

Dans *« Utopia »* More décrit une société libre, sans propriété privée, mais où l'oisiveté est interdite. Chacun va au marché prendre ce dont il a besoin. La journée de travail est de six heures. Il n'y a ni misère ni impôt, et chacun choisit sa religion. Les repas sont pris en commun. Les portes n'ont pas de serrures (c'est la réalité du Kibboutz en Israël, telle que je l'ai connue en 1963).

Extrait de la note sur la prospective diffusée dans les écoles françaises

Ce n'est que très tardivement, après quelques imprudents à la suite de Thomas More dont Tomaso Campanella, moine italien (1568-1639), Thomas Hobbes, philosophe anglais (1588-1679) et Blaise Pascal, écrivain français (1623-1662), qu'émergent au début du XXe siècle, deux penseurs de l'avenir, tous deux de langue allemande : Ernst Bloch et Hans Jonas, qui vont à contre-courant de la pensée dominante de leur époque. Avant eux, aucun intellectuel de renom n'a osé parlé de l'avenir du monde et de l'homme, sauf, par fragments, quelques écrivains et philosophes.

L'éthique du futur selon Hans Jonas (1903-1993)

« Pour fonder une éthique du futur (...) il existe deux angles d'attaque ou deux taches préliminaires : 1) maximiser la connaissance de notre agir, dans la mesure où elles peuvent déterminer et mettre en périr la future destinée de l'homme et 2) élaborer à la lumière de ce savoir la nouveauté de ce qui pourrait advenir (...) de qui ne convient pas, de ce qu'il faut admettre et de ce qu'il faut éviter (...) Nous avons besoin des deux pour nous assurer d'une boussole pour l'avenir. La vision de l'avenir au service de l'éthique du futur revêt une fonction intellectuelle et une fonction émotionnelle. Elle doit instruire la raison et animer la volonté ».

Hans Jonas in *« Pour une éthique du futur »*
(Rivage poches, 2008)

Enfin l'illustre économiste anglais lord J.M. Keynes (1883-1946) a publié de son vivant une « Lettre à nos petits-enfants », qui affirme tranquillement : « Voici ma conclusion (...) : ... dans cent ans, sauf guerres majeures ou très forte croissance démographique, le problème économique aura peut-être été résolu ou, au moins, sa solution sera peut-être en vue. Autant dire que si nous regardons loin dans l'avenir il n'est pas le problème permanent de l'espèce humaine » (cité dans la revue « We Demain »). Sur l'avenir, le même Keynes aurait dit – avec un humour très britannique : « Le long terme est un guide trompeur des affaires courantes. A long terme nous sommes tous morts ». Là aussi, comme Fukuyama cinquante ans après : fin de partie.

En France, sauf dans un cercle étroit de francs tireurs rassemblés autour de Gaston Berger - philosophe et directeur de l'enseignement supérieur - et ses successeurs, les sciences sociales sont dominés – et le reste encore aujourd'hui – par les historiens, les sociologues et les anthropologues de l'École des Hautes Études en Sciences Sociale**s qui ne regardent le futur que dans un rétroviseur**. Ils n'ont que mépris pour les « utopistes ». Ainsi Claude Lévi-Strauss (1908-2009), professeur au Collège de France, affirme en 2008 à Claude Eribon : « Les évènements sont imprévisibles tant qu'ils ne se sont pas produits (...) Dans le présent, rien ne permet de prévoir ce qui, entre tant de possibles concevables et d'autres totalement inconcevables, se produit ». Fernand Braudel proclame que « Toute société est prise dans les eaux du passé. **Elle est prospective à l'aveugle** (c'est nous qui soulignons) (...) Le mouvement qui vient du passé, ce n'et pas une force consciente (...), c'est l'inconscient de l'histoire ». Aujourd'hui un intellectuel comme le regretté Jean-Claude Carrière disait – et c'est ce que pense la quasi-totalité de ses confrères : « Que verrons-nous ? Nul ne le sait. De l'avenir qui est le maître ? ». La question reste toujours la même : qui est le maître des horloges ? A cette question le philosophe Louis Althusser (1918-1990) répondait : « L'avenir dure longtemps » et l'historien Georges Duby : « L'histoire continue ». Vraiment ?

2. L'éclosion de l'école française de la prospective

Le philosophe Gaston Berger est le seul en effet, dès 1957, à définir une proposition neuve sur la « pensée » de l'avenir, sous le nom de « prospective ». Soutenu par Bertrand de Jouvenel, Jacques de Bourbon-Busset, de l'Académie française, et Pierre Massé, Commissaire au Plan, et quelques hauts fonctionnaires, dont plus tard Jérôme Monod, « patron » de la Datar, puis Jacques Lesourne, président de la Sema puis professeur au CNAM, crée ce qu'on appelle « l'école française » de la prospective, dont la revue « Futuribles » sera le fleuron. Les textes fondateurs de cette époque sont contenus dans l'ouvrage « De la prospective », publiés par L'Harmattan en 2007 et présentés par Philippe Durance.

Depuis quelques années, le débat sur le futur devient à nouveau permanent chez les intellectuels (philosophes, démographes, économistes, urbanistes, sociologues) et les scientifiques (climatologues, scientifiques de l'environnement, océanographes, zoologues, informaticiens, biologistes, économistes etc.), renouvelant l'« école française » des sciences du futur. Mais curieusement ce débat sur l'avenir est totalement ignoré (volontairement occulté ?) dans les domaines des « sciences molles ». Personne – sauf quelques francs-tireurs - ne s'interroge plus aujourd'hui en France - du moins publiquement - sur ce que pourraient devenir à moyen ou long terme la vie politique, les syndicats, les universités, le droit, les entreprises, l'agriculture, les banques... et même l'édition, le cinéma, la culture, le « genre » ou la sexualité, le « travail », la santé, l'architecture, la religion, l'édition, les médias, l'architecture ou la musique. Étrange pays qui, pourtant présidé par un philosophe – et qui s'en flatte -, ne consacre par exemple pas un sou, Sciences Po inclus, à la pensée du futur, en particulier en matière politique, pourtant présente chez Paul Ricœur lui-même, le maître revendiqué (cf. encadré) du président de la République française d'aujourd'hui.

EXTRAIT DE « L'IDÉOLOGIE ET L'UTOPIE » (SEUIL, 2005)

« Les idéologies et les utopies ont, les unes et les autres, ont trait au pouvoir. L'idéologie est toujours une tentative pour légitimer le pouvoir, tandis que l'utopie s'efforce toujours de le remplacer par autre chose (...). Mon hypothèse fondamentale est la suivante : ce qui est en jeu dans l'idéologie comme dans l'utopie, c'est le pouvoir (...) Toutes les utopies sont finalement aux prises avec le problème de l'autorité. Elles tentent de montrer comment on peut être gouverné autrement que par l'État ».

Paul Ricœur.

Le paradoxe vient de ce que la prospective ressurgit en France dans certaines disciplines scientifiques (physique, chimie, médecine, techniques de l'ingénieur, climatologie, sciences des matériaux, cosmologie, démographie, économie etc.), mais reste presque absente de la littérature à l'art, de la politique à la psychanalyse, et de l'urbanisme au corps humain.

3. Le futur, grand absent de la pensée française d'aujourd'hui

Sur les « sciences du futur », il existe en français de nombreux ouvrages savants, mais surtout des numéros spéciaux de magazines grand public et quelques-uns - peu nombreux - plus accessibles, mais souvent polémiques ou idéologiques sur les techniques et les sciences. Hélas ces textes sont dispersés, spécifiques à un thème, une théorie ou une discipline, ou à l'initiative d'une seule personne et sous la forme de « littérature grise » non publiée, comme les rapports du GIEC sur le climat. Par exemple l'ouvrage de l'auteur de ce livre, intitulé « L'appétit du futur », a été édité par une fondation suisse (Charles Leopold Mayer), après avoir été refusé par tous les éditeurs français. Le livre est hélas indisponible en bibliothèque, sauf à l'étranger, car désormais épuisé. Plus grave, en France du moins et même au siège de la revue « Futuribles »,

nulle bibliothèque universitaire ou centre de recherche public ne permet un accès aisé aux informations, publications et écrits sur le futur, en France comme à l'étranger, sauf ceux réservés à quelques chercheurs «autorisés» à la BNF, aux chercheurs du CNAM et aux abonnés de la revue «Futuribles». L'université française s'est par exemple toujours obstinément refusée à créer une «école doctorale», ou même un simple enseignement de niveau master sur ce thème. Seul le CNAM poursuit son effort, Michel Godet ayant passé le témoin à Philippe Durance à la tête de la chaire de «Prospective et développement durable» - le complément «développement durable» est-il indispensable? Mais cette prospective est pour l'essentiel économique, tournée vers les entreprises et les territoires.

Par ailleurs chaque ministère (par exemple le Centre d'Analyse et de Prévision du ministère des Affaires Étrangères et du Développement International, jadis dirigé par Justin Vaïsse, mais qui ne fait que de la prévision et pas de la prospective, et le centre de prospective du ministère des Armées) et chaque groupe industriel ou financier français (dont Axa, Bouyghes Construction, Peugeot, Safran etc.) dispose naturellement, comme partout dans le monde, d'équipes complètes de *«future sciences»* ou de prospective, parfois de très haut niveau... mais qui s'ignorent et en tout cas sont «confidentiel défense».

Par contre tous les kiosques à journaux disposent en France de plus de vingt revues périodiques sur l'histoire de la France, en particulier politique, militaire, archéologique et patrimoniale. Sur le futur, à part «Futuribles»: RIEN, sauf le magazine mensuel grand public «Sciences et avenir», une seule personne à la Datar et le «Que sais-je» de Thierry Gaudin, intitulé fièrement «Prospective», reflet des préoccupations de son auteur, initiateur de la prospective au ministère de la Recherche dans les années 1970.

Par contre à l'étranger la réflexion sur le futur progresse partout, alors que les intellectuels, hommes politiques et universitaires français continuent à «honorer»... le passé.

La prospective à l'étranger

Au moins trente universités américaines disposent d'un département de « future sciences » et la revue Economics, dans chaque livraison, publie des articles très documentés sur l'avenir dans tous les domaines. Les travaux sur le futur sont aux USA en plein développement. Sous la direction d'Alioune Sall, plus de 30 pays africains ont réalisé une étude prospective (source : Alioune Sall, La réflexion prospective en Afrique », Futuribles, Numéro 430. Mai-juin 2019)

Et en France ?

4. Le futur n'avance que par des « ruptures »

A notre connaissance, le seul intellectuel français ayant élaboré une pensée neuve sur le futur – Jean Pierre Dupuy, tenant du principe du « catastrophisme éclairé » - est... français, mais professeur à l'université Stanford, aux États-Unis et à Polytechnique. Pour lui, « le pire n'est pas à venir mais est déjà advenu, et ce que nous considérions comme impossible est désormais certain (...) Il nous faut apprendre à affronter la catastrophe, à ne plus l'imaginer dans un avenir improbable mais à la penser au présent ». Voici quelques phrases de « Pour un catastrophisme éclairé, sous titré « Quand l'impossible est certain » (Seuil, Points, Essais, 2002)

« L'éthique du futur n'est pas celle qui prévaudra, ou devrait prévaloir à l'avenir. C'est l'éthique qui se construit lorsqu'on regarde le présent, notre présent, du point de vue de l'avenir (...). Chaque fois que nous faisons une prévision, nous donnons (...) une réalité à l'avenir. Ce serait une erreur grossière d'en conclure que nous versons du même coup nécessairement dans le fatalisme. Dire que l'avenir est en quelque sorte ce qu'il sera n'exclut aucunement qu'il pourrait être différent de ce qu'il sera (...).

Il va falloir apprendre à penser que, la catastrophe advenue, il était impossible qu'elle ne se produise pas, mais qu'avant qu'elle ne se produise, c'est dans cet intervalle que se glisse notre liberté (...)

On peut se fixer sur le scénario du pire non pas comme pouvant ou devant se produire dans l'avenir mais en tant qu'il pourrait ou devrait se produire si l'on entreprenait telle action. Dans le premier cas, le scénario du pire est de l'ordre d'une prévision; dans le second c'est une hypothèse conditionnelle dans une délibération qui doit aboutir à choisir, parmi toutes les options ouvertes, celle ou celles qui rendent ce pire acceptable (...) La catastrophe a ceci de terrible que non seulement on ne croit pas qu'elle va se produire, mais qu'une fois produite elle apparait comme relevant de l'ordre normal des choses ».
Jean-Pierre Dupuy

Dans la même ligne de pensée relative au rôle moteur des « grandes catastrophes », qui peuvent faire « effet de levier » pour de nouveaux développements rendus de ce fait possibles, je me permets de renvoyer à mon article dans la revue « Futuribles » intitulé : « Les catastrophes, une opportunité » (numéro 382, février 2012, 16 pages), illustré par de très nombreux exemples récents dans le monde. En effet à la suite de guerres, catastrophes industrielles, inondations, incendies, séismes, tsunamis., épidémies.. etc., l'histoire récente montre que l'accident majeur peut permettre, en cas de reprise, d'utiliser à plein l'effet de « destruction créatrice » de Schumpeter, économiste austro-américain qui théorisa ce concept. Chacun sait en effet par exemple qu'après la guerre vint dans la plupart des pays concernés une phase de reconstruction particulièrement dynamique, comme ce fut le cas en Europe après la deuxième Guerre Mondiale et aujourd'hui au Vietnam ou en Éthiopie.

J’ajoute la contribution éclairante de Philippe Durance, titulaire de la chaire de prospective du CNAM sur les « ruptures », dans l’ouvrage « La prospective stratégique en action» publié chez Dunod en 2014 :

EXTRAIT DE « PENSER LA RUPTURE », PAR PHILIPPE DURANCE.

Il propose deux pistes de recherche pour tenter de « prévoir cet autre présent » que sont les « ruptures », étant entendu que la rupture ne devient effectivement possible qu’une fois réalisée, comme étant non pas un évènement brutal et isolé qui initie un processus, mais plutôt comme un aboutissement, le révélateur d’un changement, qui peut parfois n’être qu’une simple anecdote ». Il propose deux pistes de recherche pour « envisager l’avenir et ses ruptures possibles », afin que « la réalité de la catastrophe reste présente, et continue donc à ouvrir sur le possible, et par conséquent que la catastrophe ne se répète pas » :

- « penser la rupture au présent (...) en identifiant, puis en questionnant les vérités communément admises en un « lieu» donné, étant donné que « ce sont les représentations courantes, partagées sans être jamais discutées et qui fondent l’action collective, qui sont « généralement source de ruptures »
- « penser la rupture comme si elle allait être réelle, pour la rendre possible, mais improbable, c’est à dire se mettre en situation de l’éviter»

Plus généralement je suis de ceux qui pensent – les faits passés le démontrent amplement – que l’histoire n’avance pas de façon linéaire (ce que croient pourtant la plupart des « prévisionnistes ») mais par une série de cassures, de « ruptures », de catastrophes **mais parfois aussi d’avancées positives, de créations, d’irruptions soudaines d’un événement, d’une personnalité, d’un « changement » ou d’une technique, le plus souvent**

imprévisibles ou invisibles, mais toujours par surprise, comme aujourd'hui pour les techniques du numérique dont les applications se multiplient. Autrement dit l'histoire avance par « bonds », suivis de « faux plats » ou d'accélérations sans anticipations prévisibles. Que disent les « veilleurs » de notre temps ? Seuls ceux qui en font profession le savent peut-être, et le vendent cher, mais parfois... mentent et se trompent. D'où la fortune des *« fake news »* et des « prophètes de malheur » qui annoncent par exemple le « basculement » de l'Afrique sur l'Europe...

Le plus souvent l'histoire rebondit après la catastrophe (pour peu qu'elle offre des opportunités et des capacités de rebonds), ou « passe son tour », meure ou disparaît, puis parfois renait. **Le seul enseignement de l'histoire récente du monde, c'est qu'elle est tragique et qu'on oublie que rien n'est « écrit d'avance ».** Ainsi en France les comédies indolores des années « folles » se sont dissoutes dans le fracas de la Première Guerre mondiale. Nous sommes d'une génération dont on nous a dit que nos grands pères partirent « faire la guerre » en chantant en 1914, dont nos pères se réjouirent de la « paix » signée à Munich avec Hitler en 1938, puis dont beaucoup se vautrèrent dans la « collaboration » durant quatre longues années. Ensuite l'histoire chaotique de la décolonisation depuis 1947 (Inde) jusqu'en 1962 (Algérie) puis 1975 (Viet Nam), et maintenant celle dite des « printemps arabes », montrent que l'histoire n'avance que par des « chocs » imprévisibles, comme celui de l'attentat contre les *Twin Towers* en 2001 à New York.

Faut-il alors souhaiter, comme le prédit Jacques Attali, corrigé par Hubert Reeves, Edgard Morin, Olivier Todd, Edgard Morin, Régis Debray, Alain Minc, aussi bien que Nicolas Baverez, avec aplomb, et sans une once de calcul de probabilité, que nous allons vers un « hyper-conflit ». Et sommes nous prêts à affronter la méga-catastrophe que tous nous prédisent ? La crise du coronavirus en est-elle le syndrome ? Quelles sont les « béquilles de résilience » à notre disposition monsieur Boris Cyrulnik ? Y a-t-il une « Arche de Noé » ? Et après ? Faudra-t-il reconstruire une tour de Babel, après un nouveau « déluge » ? Ou craindre une nouvelle « Terreur » ?

5. Du futur à la réalité du présent

L'histoire enseigne que la prospective d'une idée, d'un projet, d'un homme ou d'une équipe de « penseurs imprudents », débouche parfois sur le réel de demain, enclenchant les mesures qui peu à peu permettront d'atteindre le but. Ce mouvement que l'on peut nommer « du futur au présent », enseigne que parfois la pensée du futur débouche sur la construction d'un futur imaginé, puis construit « brique par brique » à partir du présent, comme nous le verrons dans le prochain chapitre. Autrement dit, la détermination et l'anticipation ne suffisent pas pour avancer ; en certains domaines il faut avoir préalablement non seulement fixé le cap mais très concrètement défini l'objectif à atteindre et **le chemin pour y parvenir**, y compris les périls à traverser. Les navigateurs de haute mer sont des familiers de cette pratique depuis des siècles, même s'ils s'égarent parfois, découvrent de nouvelles terres non prévues, comme Christophe Colomb (1492) ou Pedro Alvares Cabral (1500)... ou périssent en cours de route.

Certains grands acteurs de l'impossible ne devraient donc pas désespérer, puisqu'ils ont été précédés de quelques aventuriers qui ont pensé puis accompli leur rêve en transformant leur projet en réalité. C'est donc la preuve que le futur désiré, imaginé, construit, peut devenir possible, en allant jusqu'au bout de l'espérance.

L'histoire des temps modernes et contemporains est parsemée de ces conquêtes – souvent rudes, douloureuse et longues pour ceux qui les ont conduites - et qui sont devenues des réalités :

- en matière politique : Jean Monet fut le premier inventeur des États-Unis d'Europe dès 1940 ; Theodor Herzl, dès 1906, fut le concepteur d'un État juif en Palestine ; tous les leaders politiques des Indépendances coloniales obtiendront satisfaction de 1947 (Inde) à 1962 (Algérie) puis 1976 (Viet Nam) etc.
- en matière scientifique : innombrables furent les chercheurs qui, tenaces et contre l'avis de la plupart de leurs confrères, ont travaillé d'arrache pied jusqu'à obtenir des découvertes qui ont révolutionné leur science, et le monde.

- en matière d'urbanisme, c'est le plus souvent un binôme homme politique/ architecte ou ingénieur qui ont été jusqu'au bout de leurs rêves, comme le roi de France Louis XIV et le paysagiste André Le Nôtre (pour Versailles), l'empereur Napoléon III et le préfet Hausmann (pour Paris), le maire de Bilbao et l'architecte américain Frank Gehry (musée de la Fondation Guggenheim), François Mitterrand et les architectes des dix « Grands Projets d'Architecture et d'Urbanisme » construits dans Paris en huit ans etc.
- en matière de construction métallique l'ingénieur et homme d'affaires Gustave Eiffel a érigé la tour qui porte son nom pour l'Exposition universelle de 1889.

Mais, hélas, certains projets, parfois fort coûteux, furent à l'inverse des échecs, comme le navire Titanic, l'avion Le Concorde, le paquebot France etc.

La mission fondatrice de la prospective est là, au cœur de l'histoire: donner aujourd'hui du sens à l'avenir, en examinant les futurs possibles et réalisables afin d'identifier les tendances, chocs et « ruptures » à venir par une vigilance accrue à ce qui risque d'advenir. « Ce qui vient au monde pour ne rien troubler ne mérite ni égard ni patience » a écrit René Char. Le prospectiviste est un veilleur, une vigie, parfois même un prophète – s'il en est capable. Char conclut cette exorde par un retentissant : « Va vers ton risque. A te regarder ils s'habitueront ».

CHAPITRE 4
IMAGINER LE MONDE D'APRÈS

Et après ? Comment imaginer, dire, décrire et justifier, le plus raisonnablement possible, ce qui vient et dont nous ne savons rien ? Le prospectiviste est là au pied du mur, sommé d'avancer « dans le noir », de raconter une histoire qui a un sens et le plus souvent pas de fin. **Existe-t-il une « ingénierie prospective » comme on dit ingénierie rurale, urbaine, aéronautique, politique... Comment s'y prendre pour « grimper en libre », comme disent des grimpeurs sans corde d'assurance, sans risquer la chute ?**

De grands esprits ont parfois des idées baroques. Ainsi Edgar Morin, le « grand prophète », pas du tout « fatigué », affirme tranquillement : « Nous avançons comme des somnambules vers la catastrophe » (in « Terra nova », 2011). Renversons la table : dans avenir il y a venir ; pensons dès aujourd'hui le monde qui vient.

Voici mes secrets de fabrication, imaginés et testés sur de multiples « terrains » depuis cinquante années, en France et à l'étranger. J'ai, avec le recul, et pour l'essentiel, vérifié que ce que j'avais « prédit » s'est à posteriori déroulé comme je l'avais imaginé, et que donc la méthode utilisée était juste. La preuve est donc faite. Petit ou grand patron, père de famille, notaire, homme politique ou architecte, voire simple lecteur de ce livre imprudent, ou même président de la République, vous pouvez avancer sans crainte vers vos avenirs possibles en suivant mes préceptes. Ainsi la quasi totalité des « avenirs possibles » que j'avais imaginés dix ans avant pour 52 villes réelles de mon livre « Zanzibar » (L'Harmattan, 2013) se sont réalisés ou du moins ont été très sérieusement envisagés. Merci aussi à trois hommes politiques qui, modeste personne à l'époque ou même « banni » mais très talentueux (et ni X ni Ena), sont devenus quelques années plus tard Premier ministre du gouvernement français : Pierre Mauroy, Jean-Pierre Raffarin et Manuel Valls, et merci à Fernando Henrique Cardoso, devenu président de la République de son propre pays en 1994, après avoir été expulsé (1964) puis Casado (interdit d'enseignement) dans son propre pays. Lorsque je l'ai rencontré à Sao Paulo en 1972, il avait 41 ans et moi 31.

1. Méditer sur l'histoire longue et l'actualité brûlante

Toute prospective commence par un temps en bibliothèque (chroniques, récits savants, poésies et contes), en remontant longuement en arrière. Il suffit, lorsque l'on est pressé par le temps (et contraint par le budget), de réunir à la hâte un « comité d'experts». Les historiens – surtout émérites - se prêtent généralement avec plaisir à cet exercice de mémoire en compagnie de quelques personnalités du cru. Le but est de noter quelques « permanences » culturelles et historiques, longuement consolidées. Ainsi pour Lyon la visite du musée d'histoire, sis dans le Vieux Lyon, doit être complété par la lecture de l'ouvrage « La plaisante sagesse lyonnaise. Maximes et réflexions morales ». Ce travail doit être naturellement associé à la lecture des journaux locaux, à des entretiens avec les meilleurs experts que sont - en sus des historiens - les notaires, journalistes et curés qui connaissent tout, par profession, des « reins et des cœurs »

Avec un peu d'expérience le prospectiviste notera aussi ce que Jean-Éric Aubert appelle « quelques petits faits vrais » : une coiffure, un accent, une façon de marcher ou de rire, une légende, une culture et une religion singulières, toute chose qu'un ethnologue averti, un curieux de profession ou un sociologue attentif notera comme un « indicateur » spécifique et permanent. La référence absolue en la matière est le livre de Nicolas Bouvier : *L'usage du monde*. J'ai fait ainsi en Guyane française, en Éthiopie, au Brésil, au Liban ou en Afghanistan des découvertes qui ne sont jamais dans les « guides » et me furent utiles. C'est par exemple le principal mérite d'un observateur extérieur que de repérer – sans œillère – ce qui est permanent, inaltérable, fondamental – dans une situation, chez une personne, dans une société, dans une culture, dans une langue ou sous un climat, et que celui qui est sur place depuis toujours ne « voit » pas. Ainsi la passion du corps (danse, foot, rire, langue, *abraço...*) et de la conversation (qui n'est pas discussion, comme en France) est au Brésil fondatrice de la culture propre de ce pays, donc inaltérable.

2. Réaliser un diagnostic – au sens médical - sans concession et débattu puis validé, en interne et par l'externe

Ce préalable obligé d'une « coupe dans le temps » est souvent bâclé, sous traité à un « collaborateur » sous la forme d'une « étude », voire d'une « recherche » ou d'un « reportage » sans guère de consistance. Le diagnostic est un exercice difficile, car continu et dynamique, faisant ressortir quatre « blocs » : 1) avantages et « points forts » (le +) 2) inconvénients et « points faibles » (le -) 3) opportunités et projets et 4) risques et menaces. Il doit obligatoirement être complété par des données chiffrées, en valeurs absolues et relatives, et présentées avec des chiffres, des cartes et des graphiques simples.

Ce diagnostic, dit « de Harvard », peut être effectué « en chambre » ou mieux par une équipe restreinte et sur place (voir par plusieurs groupes) « en marchant », quand il s'agit d'entreprises, de villes ou de « territoires ». Mais surtout, ce qui est souvent omis, ce « diagnostic » - qui n'est ni une description ni un jugement mais un « état des lieux », aussi objectif que possible -, doit être synthétisé sous la forme par exemple de 4 *paper board* de synthèse - discutés, puis validés par le groupe, de travail les variantes et « questions à se poser » étant notées.

Plus difficile est de comprendre et décrire – mais c'est le plus intéressant - comment la situation présente des risques de « bouger », d'évoluer ou de basculer vers..., à condition que..., sauf si... Certains appellent ce mouvement immobile la « prospective du présent », l'incertitude d'une situation qui est alors le reflet, la « marque », le symbole d'une hésitation, d'une tension, d'une fragilité, d'une échéance redoutée ou d'un déséquilibre souhaité ou anticipé, ou seulement craint, d'une « situation » par définition instable.

3. Les décisions qui engagent l'avenir et les « ruptures » possibles

Ce troisième temps est délicat car il engage l'avenir, le contraint mais aussi le sécurise. Ainsi l'âge avancé du « capitaine » pour une entreprise, la date des prochaines élections pour un maire ou la menace d'une faillite pour une ONG sont des « ruptures » incontournables, parfois connues et redoutées. J'ai ainsi connu un premier adjoint au maire qui refusa de « jouer » l'avenir de la ville tant que le maire – très âgé - n'était pas mort. Ce qui advint... Il lui succéda.

4. Les tendances « lourdes » et les « signaux faibles »

- les premières doivent être identifiées, internes et externes, et si possible chiffrées (démographie, finances, gestion etc.). Exemple : vieillissement de la population, réchauffement climatique, sous-alimentation, contraintes culturelles, poids de la tradition, endettement etc.
- les secondes sont plus fragiles mais pas moins importantes (voir Philippe Cahen, « Vigie » de Futuribles, les « indicateurs d'alerte » et tous les « sondeurs »). Attention : « France Stratégie » n'est pas une institution *scientifique* de prospective (cf. chapitre 1), contrairement à ce que croient et écrivent les médias, mais une institution *politique*, placée auprès du Premier ministre et en charge de définir la stratégie politique du gouvernement en place, rien de plus.

5. Les enjeux de l'avenir ou les « questions à se poser »

Ce temps cinq est naturellement le plus difficile à traiter mais ne doit pas être négligé, car il est au cœur de l'ingénierie prospective. C'est un mélange de logique et d'imagination, maïeutique savante qui caractérise la « pensée » du futur.

D'expérience les « vraies » questions que bien souvent personne ne veut poser, ne pouvant parfois y répondre, sont :

- Qu'est-ce qui est EN JEU dans le « champ de bataille » du futur ? Qu'est-ce qui est recherché ? Vaincre, mourir ou faire retraite ? Ou refuser d'avancer « dans le noir » ? Ou faire pression pour reporter le JEU ? Ou le refuser ? Certains utilisent le mot « défi » (*challeng*e en anglais, *desafio* en portugais)
- Quels sont les JEUX DE POUVOIR à l'œuvre et quelles sont les forces en présence, aujourd'hui et demain ? Quelles promesses ? Quels amis/ennemis ? Quels leaders ?
- Qui a « DU JEU », des atouts ou en est démuni ? Y a-t-il un joker ? Quel gain ou perte est attendu ? Quels marges de manœuvre ?
- Quel REGLE DU JEU (s'il y en a une) ? Quel sanction en cas de non respect ? Qui en décide ? Y a-t-il un maitre du jeu ? Quel risque pour demain ?
- Quel est le TERRAIN DE JEU ? Est-il modifiable, extensible, avec ou sans « frontières » ? Ou strictement délimité, avec des « arbitres de ligne » ?
- Quel est le coût et la recette attendue du JEU, et pour qui ? Qui va gagner ou perdre ? Et combien ?
- Si les partenaires ou l'un d'entre eux refuse de jouer le JEU, que se passe-t-il ? Quel HORS JEU ? Et qui le constate ou le conteste ?
- Qui, quand, pourquoi et quand le JEU de la mort, du désastrede la déclaration de guerre ou de la « catastrophe annoncée » va-t-elle ou peut-elle intervenir ?

L'auteur italien Erri De Luca écrit dans « Le cœur de l'oie » que l'avenir est une illusion : « J'aime le mot illusion, du latin *in ludere*, entrer dans le JEU ». Pour ma part, au mot « enjeu » je préfère le mot « jeu », plus ludique (une illusion dit Erri de Luca), ou mieux le mot « défi », au sens de « provocation » ou « challenge », comme dans l'expression : « Je te mets au défi de... ». **Le travail du prospectiviste est bien en effet de défricher cet impensé par nature qu'est le futur, qu'il défie, nargue, provoque, et lui**

échappera toujours, mais dont il sait seulement qu'il existe, parce que le temps ne s'arrête jamais, mais dont il sait seulement qu'il ne le connaitra jamais exactement. Il est condamné à inventer le futur ou à se renier lui-même comme prospectiviste.

6. Les scénarios et l'invention du futur

Les scénarios, au sens du cinéma (François Truffaut disait: « Dans un film l'important c'est d'avoir le début et la fin, un trajet »), sont de quatre types :

- Le scénario « tendanciel », ou la poursuite des évolutions passées sans modification, dit aussi « au fil de l'eau »
- Le scénario « contrasté », par modification volontaire ou contrainte de l'évolution « naturelle »
- Le scénario normatif ou stratégique, ayant pour fin un but, un « norme », un objectif
- Le scénario de « rupture », menant au déséquilibre, au « désordre », à la « guerre », volontaire, subie ou refoulée.

(sur ce thème voir mon livre – avec ses graphiques - « La prospective des territoires », ministère de l'Équipement, 1999)

7. Comment construire les scénarios ?

Voici quelques techniques utilisées :

- le « modèle » (quantitatif ou qualitatif) ou l'application d'un mécanisme de « transfert » d'une évolution connue, jugée satisfaisante et transférable
- le « copie conforme » ou l'imitation sans modification d'un « standard »
- la reproduction d'un « cycle », considéré comme une « norme », soit à la baisse, soit à la hausse, « en creux » ou « au sommet »
- la « sortie par le haut » ou « par le bas », volontaire ou involontaire
- le « lâcher prise » et le risque de « retournement » ou « détournement »
- l'apocalypse, le rejet, la mort, ou « la guerre »

Certains préconisent soit des scénarios purement chiffrés (à l'aide de l'Intelligence Artificielle), soit – peu coûteux mais peu fiable – la méthode dite Delphi, du nom de son inventeur (croisement par étapes progressives des « dires d'experts »).

J'ai ma préférence, quand on a ni le temps ni les moyens, et qu'on est seul, pour la « posture de Rodin » (la tête entre les mains, et les coudes sur les genoux, avec les yeux clos). Je crains par contre le « débat en groupe », qui débouche généralement sur un seul scénario « pauvre », consensuel, peu éloigné du « cliché » inusable (ex : « On ne change pas une équipe qui gagne » ou « Le possible n'est pas certain, mais mieux que l'impossible »)

Parfois j'ai remarqué qu'il n'y a aucun scénario satisfaisant, mais que la « ligne de force », la « vision » disent les chefs d'entreprise ou les hommes politiques, apparait plus tard et/ou après une nuit, un « rêve », une lecture, un film ou un débat houleux avec les participants !

Mais attention ! Certains, et en certaines circonstances je leur donne raison, refusent cette facilité du scénario. Choisir un scénario et le mettre en œuvre aveuglément est parfois paresseux, voir hypocrite ou même dangereux. Il vaut mieux parfois ne rien faire (« ne pas accumuler de la guerre sur la guerre, disait François Mitterrand), « n'en rien paraître » et « préparer en secret » une stratégie de rechange, « quand le vent tournera » ou que les circonstances seront plus favorables, ou un « plan B », ou bien encore - mais il y faut de la chance, un peu de génie et un « coup de pouce » du destin - « renverser la table », dire « non », et engager tout autre chose, à la surprise générale de ses contemporains. Ainsi fit Charles de Gaulle en juin 40 (en politique), Gustave Eiffel en construisant « sa » tour (en architecture), le docteur Destouches en écrivant « Voyages au bout de la nuit » (en littérature), Pablo Picasso en peignant « Les demoiselles d'Avignon » (en peinture), Mario Draghi en sauvant l'euro en 2008 (en économie), Woody Allen en « sortant » l'acteur de l'écran dans « La rose pourpre du Caire » (au cinéma) etc. Dans ce cas les auteurs placent la création ou la volonté pure avant la « pensée » savante, frisant l'inattendu, la surprise, voire la provocation. Le futur en ce cas est une invention intégrale. Ainsi décida Adolf Hitler en 1933, Winston Churchill en 1940, le général Leclerc en 1942, Emmanuel Macron en 2016... contre toute attente.

Anecdote

Le maire d'une grande ville de l'Ouest, à qui je proposais la méthode ci-dessus, prit quatre décisions contraires : il confia le « diagnostic » à « nos équipes, qui connaissent mieux que vous notre agglomération », refusa tout « groupe de travail » avec quelques intellectuels et artistes, m'interdit toute enquête « de terrain » et me convia ensuite pour l'élaboration des scénarios à prendre note des « débats » du « cabinet » (lui-même, son directeur de cabinet, le premier adjoint et le secrétaire général de la ville). Le scénario choisi par le « cabinet » fut, sans surprise, le scénario « optimiste ». Puis il convoqua au Palais des Congrès tous les élus des communes de l'agglomération (à l'époque « District ») pour écouter la « synthèse » du « patron », intitulé « On ne change pas une équipe qui gagne. En avant ! ». Applaudissements. Vin d'honneur. Nous sommes rentrés dans la nuit, penauds... Il fut « débarqué » quelques années plus tard.

CHAPITRE 5
AVANCER « DANS LE NOIR »

Plonger dans l'ignorance du futur demande quelque méthode, quand il s'agit d'aller au delà du futur immédiat ou de demain matin. Gaston Berger, qui n'ignorait rien de ce risque, préconisait d'écarter d'abord les « paris absurdes ». Suivons son conseil. Il disait : « Dans un monde stable la raison est la faculté maîtresse : il faut déduire, prévoir, préciser. Dans un monde mobile et sans cesse renouvelé il faut constamment inventer ». Les méthodes indiquées dans le chapitre précédent ne sont pas tout. Pour avancer « dans le noir » il faut surtout croire que « c'est possible », et utile, et pas obligatoirement raisonnable ; qu'il vaut mieux être intelligent et donc savoir par exemple différer ou interrompre un exercice mal engagé ou contraint.

Sachons donc conjuguer sans cesse raison et invention. C'est la clé de notre «avancement dans le noir ». Gaston Berger disait aussi que quand on explore le futur « dans le noir » - selon l'expression de François Rousseau -, mieux vaut se mettre « plein phare » que de rester en « lanterne ».

1. Les fondamentaux de la méthode prospective

Tout le monde vous dira : le futur est inconnu, et personne n'en sait rien. Donc penser le futur ne sert à rien, sauf à se décourager inutilement et risquer de perdre son temps à « courir après des chimères ». Pourquoi donc se mettre en danger sur la base de prévisions erronées ? Soyons prudent, la « pensée » de l'avenir étant encombrée de charlatans, voyants et gourous de toute sorte. Voici cependant quelques raisons de se mettre en route vers le futur :

- **Entrer en prospective c'est d'abord faire le pari – nullement insensé – que « l'histoire continue »,** selon le livre–bilan de l'historien Georges Duby. Et pour cela le prospectiviste doit être curieux de l'avenir, le nôtre comme celui du monde. La plupart de nos contemporains sont des inquiets - parfois pathologiques -, car l'avenir leur fait peur, parfois même les exaspère ; Ils ne se satisfont pas des prédictions des bonimenteurs à la mode. Comme mon ami Jacques Poulet Mathis, inventeur de la prospective territoriale, il y a cinquante ans, qui contredisait – avec forces arguments – les dires de ceux qui prédisaient que le Nord était « foutu » et allait s'enfoncer dans une crise sans fin. Lui croyait à l'avenir du Nord, et il avait raison. Il a tenu bon, grâce à la fragile vertu que Charles Péguy appelait « La petite espérance ». Gaston Berger – toujours lui – disait : « Ce qui est à faire sera nouveau et dépendra de nous. Il est moins à découvrir qu'à inventer ».

- Allant plus loin, le prospectiviste a même tendance à raisonner de façon inverse, paradoxale. Il pose comme axiome qu'une proposition d'avenir peut être mise en doute et même inversée, mise « cul par dessus tête ». Ainsi fit Charles de Gaulle en juin 1940. : « La guerre n'est pas finie ». Mais, plus profondément, celui qui s'enfonce dans la nuit de l'inconnu est un curieux, que « ça » intéresse, un « chercheur d'avenir », qui n'est ni pessimiste ni optimiste, mais impatient de savoir si ses prédictions se vérifieront. Jacques Attali va jusqu'à dire que « c'est là où il est le plus heureux ». C'est un homme qui a en lui pas seulement de l'intérêt pour le futur mais plus profondément de « l'appétit pour le futur », titre de mon livre de 2005 dont j'ai emprunté l'expression à Fabienne Goux-Baudiment. Notre ami Guy Loinger était comme cela : jamais rassasié, toujours en chemin et jamais déçu. Il m'a appris que le futur pouvait rendre gai, et ceci pour une raison simple : **un chercheur d'avenir ne peut découvrir que de bonnes nouvelles, puisqu'il en est le seul artisan. Guy ne cessait ainsi de s'étonner de ses découvertes. Il disait : *« L'avenir est à nous ! Nous ne sommes pas pressés »*.**

Anecdote

Jadis je fus sélectionné sur appel d'offre par les villes de Limoges et Poitiers, les deux régions du Limousin et de Poitou-Charentes et le ministère de l'Équipement pour « démontrer » la « très haute fréquence » des relations de toute sorte entre les deux cités en question, fréquence qui pourrait justifier ou du moins plaider en faveur de la réalisation d'une autoroute ou d'une ligne TGV pour « désenclaver » Limoges. Hélas, après avoir fait dix fois, par train et route, le trajet de bout en bout, interrogé la SNCF et questionné les Chambres de Commerce et les Universités, nous nous sommes aperçus que les trains étaient quasi vides – à part quelques « bidasses », des étudiants et des touristes de milieu modeste -, les entreprises et universités sans lien entre elles et le trafic par route – de très mauvaise qualité en son milieu - fort modeste, sauf bien sûr aux extrémités. Il n'y avait en plus dans les « cartons » des uns et des autres aucune perspective venant à faire penser que la dite « fréquence » avait des raisons de croitre à moyen terme. Le « rendu » de l'étude fut... houleux.

Pour ce qui concerne un avenir inconnu et inattendu, certains font confiance aux « voyants », comme François Mitterrand - peut-être un peu - à Jacques Attali, mais surtout à lui-même ! J'imagine qu'Emmanuel Macron est de cette sorte. Mais a-t-il comme tous les officiers supérieurs un chef d'état-major qui ne serait pas lui-même ? Soyons réaliste : **tout le monde navigue donc en fait, dirigeant comme simple citoyen, pape comme curé de campagne, vous et moi, entre le cocasse, le « doigt mouillé » et l'absurde...** ou « la tête dans le sable »(cf. la pièce de théâtre « En attendant Godot »). Cette perplexité des « états majors » sur la date possible du cessez le feu, des ministres des finances sur de baisse de l'inflation, du gouvernement sur la date de la fin des conflits syndicaux, et du prospectiviste sur lui-même sur son incertitude, entraine une sorte de repli tactique des prospectivistes : **faute de pouvoir dire l'avenir et inscrire dans les temps à venir les soubresauts des futurs possibles, mieux vaut accroitre la vigilance, relever les « tendances lourdes », noter les « évènements » déjà programmés à venir et lire autrement que dans les astres ou chez les devins les « signaux faibles » (voir le travail depuis 10 ans de Philippe Cahen).** Cette évolution du travail des prospectivistes encourage la reconnaissance des « indicateurs d'alerte » et de la vigilance des « prophètes », voire de l'anticipation par adaptation.

« A l'imprévoyance demeure la vigilance. A celui qui ne fait pas de plans demeure la chance de s'adapter. Du moins à celui qui se ment l'échec est assuré. »
Pierre Schaeffer, in *« L'avenir à reculons »*

Le travail préalable de préparation du prospectiviste, souvent technique, long, coûteux et fastidieux, pour se préparer à « dire le vrai » des futurs possibles est toujours sain, utile et le plus souvent même indispensable, avant de « sauter dans le vide ». Bien plus il doit même se poursuivre afin d'étayer et justifier les propositions de construction des avenirs possibles. Mais les commanditaires trouvent parfois ces travaux préparatoires nullement indispensables, et coûteux, inutiles, surtout s'ils ne débouchent pas sur une certitude de ce qui va advenir. Les prospectivistes savent bien que pour conjurer le risque de se tromper et de tromper son « public », mieux vaut être prudent, succinct et le plus souvent sans engagement ni de chiffre ni de date, afin d'être assuré de quelque crédibilité dans les recommandations finales.

Le travail de constitution du « socle » du présent est inséparable de l'incertitude du lendemain, et donc de l'angoisse non feinte - pour le prospectiviste comme pour son commanditaire - de transgresser le « plafond de verre » du futur, futur qu'il sait par nature incertain et fragile, et parfois même surprenant. **La tentation constante du prospectiviste est en conséquence double : dire peu, quitte à mentir par omission et ne jamais s'engager sur une date, une échéance, un événement, une « rupture », mais en même temps aller aussi loin que possible, sans mentir ni « faire plaisir », et sans être banal (un scénario optimiste et un autre pessimiste, plus un autre « au fil de l'eau »).**

Enfin, toute expérience longue de la prospective enseigne que le futur oblige parfois à quelques inventions sans justifications : impasses grossières, rêveries et mensonges, ellipses imprudentes, à la limite parfois de la charlatanerie. C'est que dans ce domaine il n'y a jamais de preuves, sauf plusieurs années après, alors que le commanditaire et son consultant en prospective sont morts et ce dernier ailleurs. L'atterrissage risque d'être parfois difficile. De nombreuses personnalités politiques et de nombreux dirigeants s'en sont aperçus à leurs dépens. Et rares sont ceux qui peuvent et savent rebondir, en politique comme dans les affaires ou même dans la vie personnelle.

2. La prospective est une aventure qui n'a pas de fin

Tout homme est condamné à toujours avancer, car **l'histoire – et le monde – continue, avec ou sans lui, et ne recule jamais.** S'il regrette, cherche à rebrousser chemin, s'arrête ou regarde son avenir « dans un rétroviseur », il risque d'hâter sa mort. Prudent ou imprudent, le prospectiviste – c'est son risque et sa mission – essaye de le guider pour qu'il prenne un peu d'avance sur son futur, sur une route semée d'embuches, de pièges et de traquenards. Mais comme il n'est pas « romancier », il préfère des futurs possibles, ou au mieux presque sûrs, plutôt que des rêves. En attendant, il a peur d'avancer dans le tunnel de l'inconfort, de l'incertitude, du risque, du « noir », avant même d'entrevoir la lueur de la sortie du tunnel.

Tout texte de prospective commence donc par un aveu : nul ne peut dire et encore moins prescrire l'avenir. **Il fonde l'incipit du texte prospectif, en ce qu'il n'excuse pas l'auteur de son ignorance ou de son incompétence, mais situe sa parole singulière, contrairement au prévisionniste, dans le registre du seul aveu des possibles.** Contrairement à l'homme de science, il ne dira donc jamais « Il sera », mais « Voici ce qui pourrait se passer si... ». Il s'exprimera donc toujours au conditionnel, soit sous un forme interrogative – « Que pourrait-il se passer ? » – soit sous la forme d'un doute ou d'une hypothèse : « Ce qui serait ou pourrait advenir ». Le prospectiviste peut enfin - mais c'est plus rare - utiliser le futur antérieur, comme dans : « Je serai parti quand vous arriverez », ou même en utilisant le conditionnel passé : « J'aurais réussi à..., si... » Tout le reste est mensonge, même dans une « fourchette », et même s'il s'agit de tests sur des dizaines de milliers de « veilleurs » et encore plus s'il s'agit de l'élection du président de la République française ou américaine !

En prospective comme dans la vie, en vélo comme en haute montagne, sur un plateau de théâtre ou en politique, s'arrêter c'est tomber, et « mourir ». **Contrairement au passé, dont on ne sait plus rien au delà de quarante millénaires en arrière, l'avenir n'a pas de fin. Il est en avant. La fin du passé c'est aujourd'hui ; la fin de demain n'existe pas et n'existera jamais.** Coûte que coûte, il faudra donc, pour avancer, et sans regarder en arrière (comme Loth, le neveu d'Abraham, qui fut changé en statut de sel pour avoir désobéi à l'ordre divin de ne pas regarder en arrière), choisir de « rester dans le peloton », « sortir par le haut » ou « passer le relais ». **L'avenir n'attend pas, jamais, à court comme à long terme.**

Ainsi, dans le futur, on ne connaît pas la suite, alors que dans le passé on la connaît toujours, ou du moins on connaît l'étape suivante, qui est dans les livres d'histoire ou les journaux du jour, en tout cas pour aujourd'hui. Avancer dans l'avenir, c'est un risque : celui, assumé, de pouvoir se tromper. Mais cela n'empêche pas de continuer à vivre, et Napoléon de s'engager dans la bataille de Waterloo, même s'il ignorait qu'il allait – le lendemain - tout perdre !

Je m'irrite souvent du fait que des prophètes qu'on dit « éclairés » (par qui ?) prétendent, et l'écrivent, que le futur a une fin, un aboutissement, une « parousie » disent les chrétiens, un « grand soir » disaient jadis les marxistes et maintenant une « explosion cosmique », disent les tenants de « l'apocalypse », ou sera l'objet d'un « renversement », autrement dit bouleversé par quelque événement planétaire qui marquera la « fin » de l'humanité (mais sans jamais dire quand, bien sûr). Ce sont des idéologues, qui cherchent à convaincre qu'ils ont raison.

3. Avancer dans le noir sans « fixeur »

En temps de guerre tout reporter rémunère un « fixeur », natif du pays, polyglotte et habile, qui conduit le journaliste jusqu'au cœur de la zone des combats (et parfois même chez l'ennemi), l'assure de sa vigilance constante et le ramène à bon port.

Avancer en terrain miné, « dans le noir » et sans carte, ni signalétique aux carrefours, ni GPS ou « guide », ni « fixeur », exige une technique sans faille. L'ambition de ce chapitre 4 est de démontrer que, contrairement à ce que croient les sceptiques, les ignorants et les moqueurs, la prospective est une discipline intellectuelle qui ne tolère aucune erreur, exige une grande rigueur et s'honore de ne jamais pratiquer une conduite « à l'estime » ou « au dire d'experts ». Car il ne s'agit pas de « deviner » ce qui n'existe pas encore – tout de suite ou après-demain – mais de « concevoir » les futurs possibles », d'imaginer sans preuve ce qui pourrait advenir, quitte à s'adapter ou résister en cas de « rupture ». Or cette construction patiente « dans le noir » n'est pas une « course d'orientation », un exercice d'imagination, l'écriture d'un synopsis de cinéma, mais un parcours technique très soigneusement balisé. L'exploration du futur, pour ceux qui ont besoin par nécessité de le connaître avant de s'y engager, est pour le prospectiviste une « construction » intellectuelle qui ne tolère aucun amateurisme. François Truffaut dit de ses films : « L'important c'est d'avoir le début et la fin : un trajet ». Pour parcourir ce « trajet », quelles balises ? Quel itinéraire ? Quelles étapes ? Quel « synopsis », quel scénario, quelle logique d'images, de mots et de sons entremêlés ? Quel parcours ?

Anecdote

La sagesse de l'expert par transmission de l'expérience ou le *benchmarking*.

Francis Bourgoin, mon voisin à la campagne, agriculteur de père en fils depuis des générations sur la même terre, était un expert en matière de météo, car il doit être absolument sûr du temps qu'il fera demain en période de moisson. Il n'hésite guère, même s'il regarde les prévisions météo dans le quotidien local « La République du centre » et à la télévision, mais seulement à titre d'informations subsidiaires. Il consulte en plus son baromètre, qui est pour lui l'indicateur scientifique le plus sûr et qui ne l'a jamais trahi. Il s'agit en effet de la récolte de l'année et donc de sa survie économique. Il m'assure que ni lui ni son père ne se sont jamais trompés sur le temps qu'il fera le lendemain. Jamais ! Bien sûr il ignore ce qu'est le GIEC et ne croit guerre la « météo » qui –dit-il – se trompe toujours, mais qu'il écoute toujours respectueusement. Mais le seul prévisionniste sérieux, et pas « prospectiviste », c'est lui.

Francis disposait pour cela d'une batterie d'indicateurs « naturels » précis et sûrs en plus du baromètre : le calendrier lunaire (en particulier les « Saints de glace » des 11, 12 et 13 mai : si à cette date il fait beau, il ne gèlera plus), les variations de température (frais la veille au soir, c'est bon signe), le ciel (ciel pur et étoilé la nuit, c'est bon signe), les vols des martinets etc.. Ainsi si les hirondelles ou les martinets volent très haut la veille, c'est signe de beau temps le lendemain ; très bas il peut pleuvoir. Si la veille le vent est au sud, il pleuvra. Si le coq faisan « chante », c'est bon signe ; mais si c'est le pic vert qui « chante » au lieu de « percuter », alors c'est signe de pluie le lendemain. Enfin, et là l'indication est sans contestation possible : si le soir le soleil se couche dans les nuages, « on l'a dans le cul » ! (sic)

4. Trouver le rythme du futur

Au delà de l'élan à partir du présent (ou la reconduction à l'identique du passé proche), le plus difficile pour le prospectiviste est de trouver la « cadence juste », le rythme, le « tempo » de ce qui pourrait advenir demain si..., à condition que..., sauf si..., à moins que... En effet le futur proche, et encore plus lointain, étant incertain, voir bousculé, fragile en tout cas, **le prospectiviste se doit d'imaginer à minima le rythme de ce qui pourrait advenir,** avec trois perspectives possibles :

- « faire une pause » ou laisser faire, ne pas intervenir, imaginer une séquence « calme », stable, « au fil de l'eau ».
- accélérer ou au contraire freiner, si ce n'est donner un « coup d'arrêt », quitte à rebondir après quelques mois ou années
- marquer une ou plusieurs « ruptures » à court ou moyen terme, soit qu'elles soient subies, soit encore qu'elles soient provoquées (dissolution, démission, mise en examen ou mort du dirigeant...)

La tentation en effet serait de croire que le travail du prospectiviste se limiterait à définir deux ou trois scénarios crédibles et d'en rester là. Le plus difficile est au contraire de poursuivre la réflexion sur les futurs possibles en émettant des recommandations sur les différentes variantes possibles dans les temps à venir, avec des préconisations sur le rythme des évolutions souhaitables ou mesures à prendre en cas de « dérapage », obstacle ou accélération nécessaire. Ainsi en politique, le plus difficile est de décider d'une « pause des réformes » ou au contraire d'une accélération du « changement »

5. Le refus de penser le futur

Marc Augé, anthropologue (1935- 2016), ancien président de l'École des Hautes Études en Sciences Sociales, écrit dans « Où est passé l'avenir ? » (Panama, 2008) : « Le présent, aux yeux du commun des mortels, n'est plus issu de la lente maturation du passé, ne laisse plus transparaitre de possibles futurs. Il s'impose comme un fait accompli, accablant, dont le surgissement soudain escamote le passé et sature l'imagination de l'avenir (...) Peut-être sommes-nous en train d'apprendre à changer le monde avant de l'imaginer, de nous convertir à une sorte d'existentialisme pratique ». Ainsi l'école des « présentistes », comme certains les appellent, « sature » - comme le dit Augé- « l'imagination de l'avenir ». Faut-il s'en alarmer ? Peut-on continuer à vivre sans, comme dit René Char, «l'inconnu devant soi ». La conviction de l'auteur est naturellement que non, mais que pour convaincre nos contemporains nous acceptons par ce livre de courir le risque d'être à rebours de l'opinion du « commun des mortels » comme le dit Marc Augé. Parions qu'avec Octavio Paz, mexicain et prix Nobel, il nous faudra cependant continuer à inventer l'avenir, sans jamais nous lasser: « Demain, à nouveau, il nous faudra inventer la réalité de ce monde ».

Toute la pensée populaire, ou même savante, nie ou du moins décourage la pensée du futur (voir encadré). Faut-il subir cette « interdiction » ou appréhension du futur qui vient, ou au contraire l'affronter et continuer d'avancer « en même temps » ?

L'avenir n'est à personne, l'avenir est à Dieu. Proverbe français
Nul ne connaît l'histoire de la prochaine aurore. Proverbe nigérien
L'avenir ressemble à une femme enceinte qui ne sait ce qu'elle mettra au monde. Proverbe turc
Un aujourd'hui vaut deux demain. Proverbe anglais
Prends le temps quand tu l'as, car il s'en ira. Proverbe écossais
Un tiens vaut mieux que deux tu l'auras. Proverbe français

6. Comprendre le futur, c'est difficile, voire impossible

L'histoire de l'homme est pour l'essentiel connue en France depuis le paléolithique supérieur (l'Aurignacien, datant de 39.000 à 28.000 ans avant notre ère), explorée en détail par les historiens, ethnologues, archéologues, astrophysiciens, botanistes et pédologues, à condition cependant qu'il en reste quelques traces visibles

Mais pour l'avenir, il n'y a RIEN, sauf les romans d'Attali (ce qu'il appelle curieusement et paradoxalement – mais c'est peut-être une coquetterie d'éditeur: « L'histoire de l'avenir ») et quelques BD, romans et films de science –fiction. Certains pays, comme le Brésil, ne savent à peu près rien de leur passé avant la colonisation (1500 après J. C) et s'en accommodent sans regret. L'avenir par contre est décidemment un chantier très difficile, ouvert en permanence et partout dans le monde, mais incommode, sans bibliothèque ni archives, particulièrement quand les catastrophes menacent en permanence.

En prospective, nous travaillons donc « à l'aveugle », sans aucune source, carte, chiffre ou « base », ce que les scientifiques détestent et nous fait donc traiter par les gens « sérieux » de rêveur ou de farceur. Il n'y a en effet - concernant le futur - et par définition : aucune « trace », comme disait René Char (« Seules les traces font rêver ») et encore moins de professeurs, de chercheurs et de livres, pas plus que de « laboratoires », de « musées du futur », de revues savantes, d'écoles doctorales ou de bibliothèques sur le sujet, en tout cas en France. Certains, hors de France, dans une dizaine de pays, où les Français sont peu connus dans ce domaine, ont monté des départements de *« future science »*. Chez nous : RIEN, ou presque rien, sauf dans les grandes entreprises et l'armée, qui ont tout intérêt, sauf à être menacés de faillite ou de mort sur le prochain « champ de bataille », à s'en occuper sérieusement, mais qui ne publient jamais les résultat de leurs travaux.

Tous ceux qui ont essayé de penser le futur – ils ne sont pas très nombreux - se sont très vite découragés. Les plus grands ont renoncé, sauf les mystiques, les poètes, les hommes de guerre, quelques savants ou des philosophes. Résultat : aucun texte scientifique, sauf de Leonard de Vinci ou Galilée ; aucune image du futur, sauf quelques toiles, comme les aveugles de Breughel placés dans l'exposition du Louvre en 2015 titrée : « Une brève histoire de l'avenir », sans explication claire. **Question ou suggestion : sommes-nous aveugles concernant l'avenir ? Et cet aveuglement dure depuis toujours.** Restent quelques auteurs originaux, souvent confidentiels : un apôtre, qui était peut-être l'ami de Jésus (Saint Jean, dans l'Apocalypse), un moine italien du XVIe siècle (Tommaso Campanella), un homme d'État anglais de la même époque (Thomas More), deux écrivains britanniques

(George Orwell et H-G Wells) du XXe siècle – que l'on confond souvent -, de rares films (Fritz Lang, Charlie Chaplin, Ridley Scott) et un haut fonctionnaire français vivant, qui a décrit sans frémir ce qui va - et pas pourrait - se passer dans les cinquante prochaines années : Jacques Attali. C'est à peu près tout. Le reste ce sont des farces, des contes pour enfants et quelques livres pour érudits, sur la « fin de l'histoire » (Fukuyama et consorts) et de notre pays (« La France qui tombe »).

Penser demain - même « dans le noir » - est cependant à priori plus important et même plus urgent que penser avant-hier ou même hier. Est-ce que je pars demain faire la guerre en Syrie ? Est ce que je dépose le bilan et m'inscris à « Pôle Emploi » et pars en vacances ? Est ce que je me suicide ? Est-ce que je me présente à la présidence de la République ? Ai-je quelques chances ? Que dit mon horoscope ? Est ce que nous sommes menacés par les « réfugiés » et les changements climatiques ? Et par la hausse du niveau des mers ? Et par la prolifération des armements nucléaires ?

Cette pensée en actes est l'objectif central de ce livre. Essayons. « Regarder l'avenir le bouleverse » disait Gaston Berger.

« Que verront-nous ? Nul ne le sait. De l'avenir, qui est le maître. » Jean-Claude Carrière
« Enfonce-toi dans l'inconnu qui creuse. Oblige-toi à tournoyer. » René Char
« Je ne pense jamais à l'avenir ; il vient bien assez tôt. » Albert Einstein
« Il y aura encore une histoire après la nôtre... Mais cette histoire à venir est imprévisible. » François Furet
« On ne va jamais si loin que lorsqu'on ne sait pas où l'on va. » Christophe Colomb

7. Que sait-on de l'avenir ? Rien ? Vraiment ?

Les seuls scientifiques acharnés à poursuivre obstinément leur travail sur le futur sont les météorologues (qui se trompent parfois), les astrophysiciens (la vérité dans les étoiles?) et les démographes (qui ne se trompent que rarement). Car pour l'essentiel les hommes de demain sont en effet déjà là, seulement un peu plus jeunes qu'après-demain, et ne bougeront guère, sauf à la marge. Mais nul ne sait comment vont varier le solde migratoire, les techniques de procréation médicale assistée (PMA), le « désir d'enfants », le nombre d'enfants par femme, etc. Pour se rassurer, les démographes répètent donc en boucle : on a toujours compté les hommes, pour les impôts, l'école et la guerre. Continuons. « Il n'est de richesses que d'homme » dit le sage. Les démographes, les guerriers, les anthropologues, les ethnologues et les sociologues ont cet orgueil de pouvoir dire : *« Tant qu'il y aura des hommes ».*

Mais après-demain, y aura-t-il encore des hommes ? Les plus malins écrivent alors, dans cet océan d'incertitudes, des récits imaginaires (Barjavel) comme le firent Jules Verne avec grand talent ou les auteurs de science fiction russes, anglais et américains. Mais la diffusion – restreinte - des livres et BD de science-fiction est réservée aux spécialistes. Les films – seulement américains – sont par contre mondialement diffusés, surtout pour un public jeune. Jadis « L'utopie » de Thomas More en 1516 en Angleterre devint un best seller mondial. Depuis plus rien – sauf quelques farces et attrapes pour gogos - ou presque. Avis aux amateurs ! **Le chantier est vaste, inépuisable, géant et peu encombré de concurrents.**

Même les spécialistes se trompent ou sont contestées (le changement climatique, les pandémies...) et le « bon peuple » ne sait plus bien à qui faire confiance. L'ex Président de la République lui-même prédisait à tort une baisse du chômage – qui tarda à se concrétiser – et son lointain prédécesseur – François Mitterrand - s'impatientait de l'incompétence des ambassadeurs de France en poste (voir anecdote). Qui croire ?

Anecdote

L'incapacité des diplomates et l'ire présidentielle

J'ai entendu Jacques Attali – qui venait de publier chez Fayard son livre « Une brève histoire de l'avenir » - raconter à Futuribles que lorsqu'il était conseiller spécial du Président de la République, ce dernier s'irritait des télégrammes des plus grands ambassadeurs de France, qui disaient en langage non crypté au Président de la République et chef des Armées : « Il peut se passer ceci ou cela, en ce pays où je vous représente, ou autre chose, je ne sais pas et le indigènes de ce pays pas beaucoup mieux, le plus souvent, sauf quelques leaders qui rêvent d'en découdre : la guerre ou la paix, la révolte ou la prison, la révolution ou la démission des peuples, la crise sociale ou l'embolie des marchés... sauf si, à condition que..., cela dépend... mais cependant... Voici plusieurs scénarios possibles... » Le Président disait alors à son « conseiller spécial » : « Sans doute. Mais alors à quoi sert un ambassadeur, s'il ne me dit pas ce qui va se passer, selon lui, qui est sur place, bien informé, dispose d'interprètes qui lisent les journaux locaux, rencontrent les intellectuels, écoutent la radio et sont au contact des plus haut responsables de ce pays ». Attali conclut - nous étions à Futuribles ! - : « Mitterrand détestait la prospective ». Sur cette phrase définitive, le conférencier s'éclipsa.... Pas de débat ? On ne discute pas avec Jacques Attali comme on ne discute pas avec ceux que Pierre Bourdieu, professeur au Collège de France, appelait les membres de la « Noblesse d'État ».

Nous sommes des ignorants presque complets de l'avenir. Il nous faut donc bien, par force, commencer peut-être – c'est une piste - par penser autrement, ou abandonner. **Mais d'abord est ce possible, raisonnable, utile, en tout cas intéressant de penser le futur, à supposer que cela serve à quelque chose ? Qui a essayé ? Allons plus loin : est ce que le futur peut même être pensé ?** De grands esprits, depuis l'Antiquité, répondent que cet effort de la « pensée du futur » est vain, irréaliste, voire malhonnête et en tout cas peu scientifique. De très rares esprits ont tenté de faire une percée – quitte à se tromper comme Galilée, qui le paya cher -, comme en s'excusant de leur ignorance.

Essayons quand même, puisque le domaine est « vide », en tout cas peu exploré et surtout infini. En plus il n'y a pas de limite temporelle connue à l'histoire de la pensée.

« L'intérêt de la vérité demanderait que ceux qui réfléchissent daignent enfin s'associer à ceux qui se remuent. » Denis Diderot
« La fin de l'histoire et le dernier homme » Francis Fukuyama
« Quel est votre plus grande ambition dans l'avenir ? » - « Devenir immortel et puis mourir. » Jean-Luc Godard

Les chercheurs du futur, contrairement à ceux du passé, respectés par tous, sont toujours suspectés d'être un peu fantaisistes, voire à la limite du raisonnable, carrément « fous » ou, pour le moins, un peu exaltés. En plus, par profession, ils se préoccupent autant de la « prospective du présent » que de l'utopie d'après-demain ou de l'apocalypse et des « grandes catastrophes ». Le grand écart est pour eux constant entre demain matin et après-demain, voire « la fin des temps », contrairement aux historiens professionnels qui ne sont « propriétaires » que d'une tranche d'histoire, limitée dans le temps, dès le dépôt de leur sujet de thèse. Seul Fernand Braudel traitait de l'« histoire longue » de la France ou de la Méditerranée toute entière, mais pas du reste du monde. Georges Duby ne s'aventurait guère hors du Moyen Age. Même chose en matière de prospective : même les plus savants d'entre nous ne s'égarent guère hors de leur spécialité.

Regarder le futur en face, c'est comme conduire de nuit, avec prudence et appréhension, comme si cela était imprudent ou interdit. Il vaut donc mieux rouler « en code », ce que certains appellent la « prospective du présent », celle de demain matin, c'est à dire avec une pensée courte. Se rassurer en se retournant serait suicidaire. En accélérant, faut-il alors « sauter dans le vide » avec « appels de phare », ou conduire par à coups... ou s'arrêter, et dormir, comme les chauffeurs routiers dans leurs cabines sur les aires d'autoroute. Et si je suis poussé dans le dos (par mes enfants, mon « chef » ou les évènements) et ne peux ni dormir ni rester debout, est-ce que les anges me soutiendront ?

Anecdote

L'annonce des mauvaises nouvelles ou la censure

Dans deux domaines, les « experts » en prospective les plus qualifiés ne peuvent dire la vérité et encore moins la publier, puisque personne ne veut les entendre. C'est ainsi le cas pour l'enfouissement (impossible ?) des déchets nucléaires et la hausse (inévitable ?) du niveau des mers en raison des changements climatiques. Les spécialistes sont unanimes pour dire que le risque est grave et assuré en tout cas à moyen et long terme, et sans solution fiable. Tous se rassurent en relisant Stendhal : « Toute annonce de l'avenir est une infraction à la règle qu'elle peut changer l'événement, auquel cas la science tombe par terre comme un véritable jeu d'enfant ». Et si le niveau de la mer (quand ?) allait un jour baisser et non monter ? Et si, un jour, les hommes allaient inventer une autre source non polluante de production massive d'énergie, autre que le nucléaire, et/ou une technologie simple et peu coûteuse de destruction des combustibles irradiés existants...

Tous les dirigeants, explorateurs et voyageurs ont connu ce moment d'exaspération, de désespoir parfois, de crainte du futur ou d'ivresse d'être entré – après le col ou la forêt – dans un pays neuf, inconnu, celui de l'avenir. **Nous sommes condamnés à avancer vers quelque chose qui n'existe pas encore et que - pour cette raison – nous redoutons, mais nous fait envie, nous fascine. Alors ? En avant, « dans le noir » ?** Ainsi Jean-Baptiste Charcot, l'explorateur de l'Arctique, avait baptisé son bateau le « Pourquoi pas ?»

« En route le mieux est de se perdre. Lorsqu'on s'égare les projets font place aux surprises et c'est alors que le voyage commence.(...) Alors le seul fait d'être au monde remplit l'horizon jusqu'aux bords ». Nicolas Bouvier, in *« L'usage du monde »*
« Agir en primitif. Prévoir en stratège. » René Char
« L'avenir n'appartient à personne. Il n'y a pas de précurseurs, il n'existe que des retardataires. » Jean Cocteau

Anecdote
Penser l'avenir attendra !
Mes collègues brésiliens ont trouvé étrange cette manie, pour eux typiquement française, de raisonner « sur le vide » du futur, à la limite du rêve et de la réalité. Pour eux en effet, le passé n'existe pas (leur pays n'a que cinq siècles d'histoire ; en plus elle est un peu chaotique et nul chercheur, dans leur pays ou ailleurs, ne s'y intéresse beaucoup) et l'avenir – comme dans tous les pays de pionniers – c'est aujourd'hui, au pire demain matin ! Il y a tant à faire, ici et maintenant ! Penser l'avenir attendra ! La pensée du futur est un luxe, pour eux en tout cas, et un peu inutile. Pas de temps à perdre ! Construisons d'abord nos routes, nos villes et usines! Au travail ! La préservation de l'Amazonie, grande comme l'Europe, peut attendre ! Rares sont ainsi les Africains que le futur – sauf exception – intéresse, puisqu'il est « déjà là ».

La question de l'avenir doit cependant, pour nous, être posé, même si cet effort intellectuel – comme d'ailleurs pour le passé – ne sert apparemment pas à grand'chose, sauf dans certaines professions comme chez les assureurs, les banquiers, les militaires ou les notaires. Mais il est utile, au moins pour continuer à vivre et affronter notre mort les yeux ouverts sur le monde qui viendra. Cet effort nous permettra à minima de prévoir ce qui est possible et prévisible, ou au moins probable, ce qui est l'objet même de la prospective

Ceci étant dit, force est de respecter ceux qui – pour mille raisons – refusent de penser l'avenir, et pire encore de participer à sa construction, voire même à son élaboration. Mais, comme dit la sagesse populaire, « on ne peut pas obliger à boire un âne qui n'a pas soif » ! Nous connaissons tous des « présentistes » heureux. Nicolas Sarkozy, au temps de sa splendeur, disait qu'il ne s'intéressait qu'au lendemain, voire seulement au jour même. Et Napoléon disait : « Je ne vis que dans deux ans »

8. Mes maîtres en prospective

Le fils de Gaston Berger – le danseur Maurice Béjart (1927-2007) – est plus célèbre, encore aujourd'hui, que son père, qui n'est même pas dans le dictionnaire Larousse des noms propres. Et pourtant, si Béjart créa une « forme » artistique de la danse contemporaine totalement neuve, son père créa dans les années 50 une « manière » réellement révolutionnaire de penser le futur à laquelle il donna un nom : prospective, mot devenu maintenant « nom commun ». De même l'écrivain, avocat et homme politique Thomas More avait créé, quatre siècles plus tôt, un mot neuf – en latin « utopia » - pour désigner ce qui allait devenir après lui un véritable « genre littéraire », connu aujourd'hui sous le nom d'utopie, mot entré dans l'usage courant, synonyme à tort d'illusion heureuse, de « rêverie d'un inventeur songe-creux » (Victor Hugo).

Revenons sur la signification de ce terme en ce qu'il offre – d'après ce qu'il en a écrit lui-même et selon les exégètes successifs de sa pensée (cf. en particulier les thèses de doctorat de Fabienne Goux-Baudiment et de Philippe Durance) - une méthode intellectuelle précieuse pour « penser le futur ». En effet, contrairement à ce qui est dit, enseigné et écrit trop souvent de la pensée de Gaston Berger, en particulier dans le monde latin, celui-ci n'est ni un « utopiste » (à la manière de Thomas More et ses successeurs), ni un « prévisionniste » (à la manière des « futuribles » ou de Jacques Attali), - mais un philosophe et le pédagogue d'une pensée neuve sur le futur, qui comprend deux points essentiels et fondateurs :

- ***« L'avenir est moins à découvrir qu'à inventer »* écrit Gaston Berger.** Autrement dit : ***« L'avenir n'est pas préfiguré par le présent. Il est plein de richesses, de surprises, d'accidents, de catastrophes, d'apothéoses ».*** Cette injonction de Gaston Berger vers l'invention du futur comme une nouvelle intelligence de l'avenir, « catastrophes » et « apothéoses » mêlées, est fondatrice de cette nouvelle école philosophique qui est plus qu'un encouragement intellectuel à aller de l'avant. C'est une leçon profondément politique : un engagement de l'homme à « penser » son avenir.
- ***« Regarder l'avenir lointain n'est pas rêver et attendre. C'est faire tout de suite ce qui est en notre pouvoir pour le préparer ».*** Ce qui est important – et neuf – dans ce texte, c'est l'expression « faire », suivie de « tout de suite ». Pour Gaston Berger en effet, l'avenir – c'est notre thèse, et le titre même du présent livre – est à « construire » au moins autant qu'à « penser », et ceci est fondamental pour notre objet. Cela signifie que, pour lui, nous sommes responsables de la construction de notre avenir, et « tout de suite ».

Allant encore plus loin, et comme une sorte d'encouragement envers ceux qui tentent de saisir cette pensée difficile mais concrète, il écrit : « Regarder l'avenir le bouleverse ». Cela signifie qu'à seulement « regarder l'avenir » c'est déjà commencer à le bousculer, donc le modifier, et par conséquent l'inventer, pouvoir alors le construire, avant même de vouloir le changer. Belle leçon d'optimisme pour les acteurs du futur !

> *« L'esprit prospectif n'est en aucune manière celui d'une planification universelle (...). Il ne détermine pas il éclaire. »* Gaston Berger
> *« L'avenir n'est pas ce qui vient après le présent, mais ce qui est différent de lui et surtout ce qui est ouvert. »* Gaston Berger
> *« Considérer l'avenir non plus comme une chose déjà*

décidée, et qui, petit à petit, se découvrirait à nous, mais comme une chose à faire. » Gaston Berger
« Les problèmes de demain n'existent pas encore aujourd'hui. Certains sortiront sans doute de rencontres fortuites, mais le plus grand nombre naîtront de notre propre action, qui altère les structures et les équilibres actuels. » Gaston Berger

A ma connaissance, les dirigeants politiques contemporains qui ont réussi à traduire en acte leur vision « prospective » en la concevant puis en la mettant en œuvre (démocratiquement) sont Nelson Mandela (Afrique du Sud), Vaclav Havel (République tchèque), Lech Valesa (Pologne) et peut-être - à sa manière - Charles de Gaulle. Le premier aurait dit : « On a pas à accepter le monde tel qu'il est. On peut le refaire tel qu'il devrait être », le second : « Même s'il n'a aucun pouvoir, même s'il n'a pas la moindre importance, chacun de nous peut changer le monde » et le quatrième : « La gloire se donne seulement à ceux qui l'ont toujours rêvée »

Certains croient que la prospective est une discipline scientifique solide et d'autres la considèrent comme un outil « léger », voire « peu sérieux ». La vérité est naturellement entre les deux : elle doit avouer son incapacité à « tout dire » de l'avenir – inventé par exemple sans preuve, dans le seul but de flatter ou séduire l'interlocuteur, qui est parfois inquiet ou rebelle – mais aussi s'acharner à problématiser solidement une « vision » qui n'est toujours qu'imparfaite et invérifiable, sauf après coup. Le risque reste toujours de tromper gravement le partenaire en lui présentant une issue favorable à ses tourments, sans véritable preuve. Et de s'enfuir, toute honte bue, en cas d'échec ! Ce qui arriva à l'auteur.

Anecdote

Passons aux aveux. Dans la conclusion de mon livre « L'appétit du futur. Voyage au cœur de la prospective » (Éditions Charles Leopold Mayer, 2005), j'ai commis l'erreur, entraîné par mon sujet et troublé par ma passion pour le Brésil, de prédire des « futurs possibles » brésiliens (p 106 et suivantes), qui se sont avérés faux, quelques années après, alors que l'encre du livre était à peine sèche. Je décrivais alors trois scénarios possibles, tous optimistes, n'hésitant pas à écrire que le Brésil, selon mes dires (étayées par plusieurs années de travail et deux années de présence sur place), selon un scénario « millénariste » très altermondialiste, « serait missionné, cinq siècles après la découverte de son territoire par les Européens, pour réinventer le monde ». Rien de moins !

Erreur, et sur toute la ligne ! Prudent, j'avais même écrit – ironie de l'histoire – que « les prophètes de malheur n'ont jamais eu beaucoup de succès au Brésil ». C'est ce qui s'appelle une prétention excessive de l'auteur, ou le syndrome de l'arroseur arrosé.

Tous enfin recommandent, en prospective active, de pratiquer assidûment, selon le « génie » complexe d'une discipline qui n'a pas encore acquis sa maturité et reste le plus souvent expérimentale, **quatre principes de base : le principe de curiosité, le principe de modestie, le principe de vigilance et – le plus important selon nous – le principe de vérité.** Si la prospective veut être prise au sérieux et ne pas être considérée comme une « provocation » ou un jeu sans règle ni arbitre, elle doit à minima intégrer et respecter ces quatre impératifs :

Les pessimistes actifs sont considérés comme des inquiets parfois pathologiques ; ils sont donc en général mal considérés, si ce n'est combattus. Ce qui intéresse en effet le curieux de l'avenir c'est le plaisir de la découverte, le goût de la surprise, la curiosité du neuf, des « ruptures » possible. Celui – vigie, éclaireur, parfois prophète ou savant – qui cherche à voir loin, à anticiper, est mal vu. Quand en plus il sonne l'alarme, c'est un gêneur, un perturbateur, qui trouble l'ordre, les consciences. Il n'est donc jamais populaire et les puissants le font taire, mais... le convoque en secret. Sans cette curiosité de l'avenir, aucune prospective n'est possible.

Le principe de modestie est central en prospective. En effet on ne demande pas à un prévisionniste (quel temps fera-t-il demain ?) de douter, de s'excuser de ne pas être certain de ce qui va advenir. La modestie n'est pas son fort. Sinon à quoi servirait-il ? Bison Futé ou la dame de la Météo ne doutent pas ; ils affirment, et personne ne met en doute leur « savoir d'expert ». Ainsi Ipsos « sait », « selon un sondage scientifique », que le prochain président de la République sera X ou Y. Sinon à quoi sert-il, s'il ne sait pas à l'avance ce qui sera ? Il craint donc le ridicule en cas d'erreur, ou plus brutalement le licenciement.... Le prospectiviste, plus prudent, avoue modestement qu'il se pourrait - au conditionnel donc - que plusieurs scénarios sont possibles, à moins que, sauf si... C'est ainsi que Saint Thomas More, grand chancelier du royaume d'Angleterre (1478-1545), décapité sur ordre du roi Henri VIII, et l'inventeur de l'utopie, recommande de demander à Dieu « la grâce de gérer le présent et la prudence en faveur de l'avenir ».

L'avenir étant par nature incertain, mieux vaut non pas « dire l'avenir », ce qui est le rôle du « voyant », mais interroger d'abord les multiples « vigies » qui examinent, en continu et scientifiquement, ce qui est « entrain de se passer » dans de multiples domaines et dans le monde entier. Ainsi le gouvernement québécois gère en permanence un réseau d'experts, présents dans tous les ministères et dans toutes les institutions scientifiques nationales et mondiales. Ce réseau de « lanceurs d'alerte », branché directement – via une unique déléguée générale (que j'ai rencontrée) – sur le Premier Ministre, est extrêmement rapide, sûr et efficace, et surtout peu coûteux. En est-il de même en France ? Dans les grands groupes industriels et financiers, oui. Mais auprès du chef du gouvernement français ? Plus profondément, la prospective apprend la vigilance, enseigne l'écoute, l'attention constante à ce qui pourrait arriver, ici et dans le monde entier.

Enfin et surtout, le principe de vérité est le plus essentiel à respecter. Car dans une discipline où prolifèrent les « baratineurs», les prétentieux, les faussaires, les prophètes auto-proclamés et même des fous, mieux vaut ne croire que les gens sérieux, ou du moins ceux qui cherchent la « vérité » du futur avec sagesse et rigueur. Toute prospective – et dès le départ tout diagnostic – doit être constamment certifiée, prouvée et soumise à la critique, interne et externe, et ce à chaque étape. Le meilleur exemple de ce doute systématique est celui donné par le groupe international de chercheurs du changement climatique dit GIEC. Ainsi la première qualité d'un prospectiviste, s'il veut être cru, c'est son exigence de dire toujours la vérité, même et surtout si elle est désagréable, et de ne pas manquer de « modestie » (cf. l'excellent film « Alice et le maire », sorti sur les écrans en 2020)

9. Un édifice pour l'éternité

La dérive la plus constante pour le prospectiviste consiste à se croire éternel ou du moins à tendre vers l'infini d'une pensée – ou d'un acte – devenu sans limite temporelle, y compris celle de sa propre mort. Tout le monde n'est pas Jésus-Christ, dont les chrétiens « croient » depuis vingt siècles qu'il est ressuscité ! D'autres, depuis, ont entrepris de bâtir, en faux ou en vrai, leur propre éternité (Lénine, Hitler, Mao, Xi Jinping, Erdogan...) ou du moins se sont assurés de leur vivant de la pérennité de leur œuvre ou à minima de leur nom dans les dictionnaires usuels, dans le fichier des bibliothèques savantes, au bas d'une sculpture, d'une pyramide ou sur le fronton d'une école. **La chance de la prospective c'est qu'elle efface le temps, et peut même revenir en arrière, anticiper quelques « ruptures » possibles, imaginer quelques chemins de traverse ou même se projeter dans l'infini, si ce n'est dans le rêve, dont elle est coutumière. Elle se moque parfois de toute chronologie, procurant à ses adeptes quelque ivresse. Elle défie l'infini du temps, car elle est libre, jamais servile. Elle parie sur l'inconnu.**

« Ils ont échoué parce qu'ils n'avaient pas commencé par le rêve. » William Shakespeare
« Lorsque mon esprit (...) sait qu'il n'y a aucune différence entre un jour et un siècle (...), il éclate de rire en pensant à la chaine des temps. » Sénèque
« Je garderai l'inconnu du lendemain jusqu'à ma mort. » Nicolas de Staël

De ce bilan sommaire des « traces » laissées par quelques personnages historiques, retenons l'extrême attention donnée par les « vieilles nations » aux personnages emblématiques de leur vie publique contemporaine et, par contraste, la passion récente (est-ce particulier à la France ?) d'un très vaste public de tous les milieux sociaux pour la généalogie, l'archéologie et la « construction de la mémoire ». Un académicien et historien nommé Pierre Nora est ainsi propriétaire d'un label, dit des « Lieux de mémoire », dont il aurait l'exclusivité. La généalogie est ainsi devenu une vrai passion populaire, avec spécialistes, revues, colloques et innombrables retraités passionnés par leur histoire ou celle de leurs ancêtres. De même l'archéologie urbaine est plus présente à la télévision que les réalisations architecturales et urbaines contemporaines. Une fois de plus le passé intéresse plus que l'avenir.

Mais pourquoi s'inscrire dans l'éternité ? Est-ce cela « construire son avenir » en assurant notoriété et publicité à son corps, vite réduit en poussière ? François Mitterrand, dont on savait la passion dévorante qu'il eut pour sa propre mort, hésita longtemps sur le lieu de son « dernier voyage » et fréquenta assidûment, disent ses mémorialistes, les cimetières, pour finir par être enterré comme tout un chacun dans un caveau presque banal d'une sous-préfecture de Charentes, où il naquit.

« L'homme sage juge de l'avenir par le passé. » Sophocle
« Je suis demain (...) ce que j'établi aujourd'hui. Je suis aujourd'hui ce que j'ai créé hier ou un jour précédent. » James Joyce
« Par le passé on connaît l'avenir ; l'homme sage juge de l'avenir par le passé. » Sophocle
« Nous entrons dans l'avenir à reculons. » Paul Valéry

10. Les temps de la prospective

En matière de prospective, la question du temps est centrale. Les questions à se poser sont :

- Qui est le « maître des horloges », le comptable du temps ? Existe-t-il ou est-ce une chimère ?
- Quel horizon : court, moyen ou long terme ? Et que veut dire « éternité » ?
- Quel but, fin ou « sortie » de l'« histoire » ? Y a-t-il une « apocalypse » ?
- Où allons-nous ? C'est « loin » l'infini du temps ?
- Quel « linéarité » du temps : droit, oblique, courbe ? Par étapes ? Avec des « faux plats » ? Des étapes ? des « ruptures » ou des « paliers » ?
- Que dit la science ? L'avenir est-il linéaire ou stochastique ? Y a-t-il même une logique à tout cela, ou bien seulement une errance aléatoire ?
- Est-ce que le temps peut retourner en arrière ? Se perdre... ? Ou avancer en boucle ? Diverger ? Exploser ou s'interrompre ? Qu'est-ce que la « fin des temps » ?
- Quel « moteur » ? Qu'est-ce qui va « faire avancer » l'histoire de demain ?
- Quels « acteurs » du temps, quels mécaniciens ? Le peuple ou le roi ? Le maître « sait »-il où nous allons ? Ou bien : le maître

du temps c'est celui qui conduit la révolte, l'insoumission, la guerre? Ou la science? Ou bien –comme dit Shakespeare - « notre ordre intérieur » ?

- Qui paye, s'enrichit, investit ou perd sa mise? Et à qui le « voyage » vers le futur rapportera (et combien?) au retour?
- Est-ce qu'il y a des projets « contre » le temps, qui n'ont comme but que de détruire des villes (Hiroshima, Alep, Mossoul), d'arrêter la marche du temps, de « brûler tous les livres » (« Fahrenheit 451 ») ou de « supprimer la race juive » (Shoah)?

Le temps ne s'efface pas, ne recule jamais, ne connait pas d'ellipses, d'interruptions, de suspensions, de « sauts », de stop and go. Il est par nature « en ligne directe », ce qui n'est pas le cas du temps réel de l'histoire reconstituée après coup. **La difficulté conceptuelle en matière de prospective vient de ce que nous ne connaissons que le temps passé, le plus souvent décrit par les historiens comme linéaire, logique, continu, comme un « film en costumes » sans soubresauts ni péripéties ; alors qu'il s'agit en prospective – nous le savons d'expérience - « des temps futurs», donc sans scénarios déjà écrits, sans « horizon », sans pauses, raccourcis, accélérations, arrêts brusques... et jusqu'à l'éternité.** A-t-on toujours « le temps » de penser le temps, qui lui n'attend pas? Et faut-il ralentir, arrêter tout ou accélérer ?

Anecdote

Mes petits enfants ne disent plus, en me quittant, « A bientôt ! », comme on disait dans mon enfance, ni même « A plus !», mais...« A très vite ! ». Pourquoi « vite » ?

Ainsi, à quoi sert d'attendre « que le ciel nous tombe sur la tête ? » Y a-t-il urgence, péril, déclaration de guerre? Est ce que la catastrophe menace? Faut-il dire et écrire que nous sommes « en alerte rouge » ou en période « Vigie pirate » éternellement? **Est-ce que donc la prospective - et l'avenir lui-même - peut attendre ?** Non bien sûr : le temps coule et ne s'arrête jamais. Mais le temps est-il de plus en plus « compressé » ? Jean d'Ormesson, toujours facétieux, essayait de nous réconforter : « Si l'univers n'a pas volé en éclat, c'est qu'il est construit pour durer». Alors est-ce «l'attente» (de Dieu?) qu'il faut attendre, selon St Augustin?

Ainsi quand Magellan se lança dans son voyage autour de la terre, au moins avait-il un but, un objectif: démontrer que la terre était ronde. En notre matière, rien de tel: le temps n'attendra pas, jamais. A priori, sauf pour les Chinois, il n'est pas circulaire. **La prospective n'a pas donc d'autre raison que d'être à elle-même sa propre fin : concevoir puis construire les futurs possibles, puis les mettre en œuvre.** Mais pourquoi «possibles»? Faut-il en prospective apporter la preuve de la «possibilité» des scénarios du futur? Les vérifier, consolider, justifier ex-ante, et pas seulement les évaluer ex-post?

Le moins risqué en ces domaines est de concevoir puis construire le futur à minima comme le prolongement, la suite logique, du passé proche ou même lointain. Erreur! L'histoire n'étant pas linéaire, elle n'est pas une «machine» qui obéit à des lois scientifiques. **Les prospectivistes sont au contraire et par définition des empêcheurs de « penser tout droit », au contraire des ingénieurs et « maîtres des horloges » qui sont depuis toujours persuadés que le passé est écrit, mesuré, chiffré, et par conséquent modélisable... et qu'il suffit donc de « prolonger les courbes » pour « dire le futur ».** Objection : avec de tels raisonnements» Christophe Colomb n'aurait jamais découvert l'Amérique, Jacques Cartier le Québec, Magellan fait le tour du monde, Marie Curie découvert le radium, Pasteur la rage etc. Il faut donc «essayer de penser», expérimenter, poursuivre... Les «chercheurs du futur» sont-ils condamnés à chercher sans cesse? Oui.

Mais construire le futur est encore plus difficile que de le penser, ce qui n'est déjà pas facile. C'est la raison pour laquelle beaucoup se contentent de «continuer» à «faire comme avant» plutôt que tenter de concevoir des «futurs possibles», dont personne à priori ne sait rien. Là est le piège et la raison profonde de la prospective «à la française» définie par Gaston Berger.

Selon lui en effet il ne s'agit pas tant de « penser » l'avenir que de le « faire », autre perspective et autre défi intellectuel et politique ! Là est le cœur de ce livre : passer de « penser le futur » à « construire le futur », autrement dit : non pas seulement dire mais faire. Pourquoi ? Comment ? Avec ou contre qui ? Est ce même possible et pas seulement vain et prétentieux ? Nous essayerons de répondre à cette question dans le chapitre 6 puis dans la conclusion de l'ouvrage.

Chacun peut comprendre que l'on peut toujours oublier le passé (en faire « table rase ») ou même supprimer ou démolir les « traces » qui en subsistent dans le présent (livres, monuments, villes, légendes, statues), mais que l'**on ne peut supprimer le futur**. Par contre on peut toujours – et l'homme l'a toujours fait - le fabriquer, le créer, le construire ou le reconstruire. Il suffit pour cela d'un « acteur » qui en a besoin ou envie, et qui décide de le faire. Ce livre aimerait lui en montrer le chemin

> *« L'avenir est quelque chose qui se surmonte. On ne subit pas l'avenir, on le fait. »* George Bernanos.
> *« L'avenir ne se prévoit pas. Il se prépare. »* Maurice Blondel
> *« L'avenir n'est à personne. J'essaie de le soumettre à ma volonté (...) Je suis appelé à changer la face du monde. Je veux la paix. »* Napoléon Bonaparte.
> *« Demain appartient à ceux qui peuvent l'entendre venir. »* David Bowie

A minima, le prospectiviste doit – c'est son exigence minimum pour être crédible – fixer, avant de s'aventurer vers le futur, « l'horizon » (temporel) de son exploration du futur. « Tout de suite » comme disent les enfants n'est pas après-demain. Nicolas Sarkozy, quand il était président de la République, aurait dit, en homme pressé : « La seule chose qui m'intéresse, c'est cet après midi, demain » et Napoléon 1er, plus stratège : *« Je ne vis que dans deux ans »* !

11. Peut-on « inventer » l'avenir ?

La réponse à cette question est, pour l'auteur : « Oui, c'est toujours possible ». Mais tout dépend de ce que l'on appelle en prospective « l'horizon » : futur lointain (long terme, soit plusieurs années), moyen terme (six mois à deux ans) et moyen terme (tout de suite ou sous 48 heures).

Construire volontairement le futur lointain est plus aventureux, plus difficile et plus ambitieux mais plus exaltant qu'édifier le futur proche ; mais paradoxalement on y est plus libre, et parfois même plus heureux, car les contraintes du présent (et du passé) s'effacent pour laisser la place à l'invention du « tout autre » : le ciel et l'enfer, le bonheur ou la punition, le « grand tout », l'infini ou rien du tout. C'est le royaume des prophètes et des mystiques, de l'abolition du temps contraint. Rien n'est vraiment nouveau sous le soleil : après-demain n'engage à rien. Pour demain matin par contre tout est déjà prévu, et sans beaucoup de variantes possibles, et très « occupé » par mille obligations et contraintes. Ainsi les « militants » de « Nuit debout » en 2016/2017, ou d'autres « initiatives citoyennes », ne craignaient pas grand chose. De leurs engagements éternels, Ils se sont vite fatigués, essoufflés, lassés... et, comme (presque) tous les révolutionnaires, sont allés se coucher. D'autres « rêveurs » se sont alors mis « En marche ! ». Mais dire l'avenir sans l'assumer peut être considéré comme un acte irresponsable, et donc par certains comme un encouragement à faire ce qui n'engage guère celui qui le « dit » ou le décrit. Ainsi d'innombrables « architectes de papier » ont dessiné de tout temps des villes imaginaires !

« Je me ressemble le plus dans l'avenir. C'est là où je suis le plus heureux. Je suis complètement libre. Plus libre que jamais. J'aimerais que chacun d'entre nous soit libre. C'est tout le but de mon travail. » Jacques Attali
« On ne va jamais si loin que lorsque l'on ne sait pas où l'on va. » Christophe Colomb

Pour « inventer » les avenirs possibles, le plus honnête est d'abord de fixer l'« horizon », le « terme » de la réflexion.

Pour la majorité de nos concitoyens la « conception du futur » proche – de quelques heures à quelques mois - est possible. Pour tous les êtres humains, les vies professionnelle, familiale et personnelle de chacun sont rythmées par des « rendez-vous » et « horaires » notés sur des agendas « papier » et/ou électronique, de l'adolescence à la retraite. Mais rien n'empêche, sauf circonstances exceptionnelles, de trouver du temps pour réfléchir, se documenter, prendre avis et décider d'une variante, refuser une offre, dépasser une contrainte, contourner une interdiction ou prendre une initiative. Paradoxalement, nombreux sont ceux qui souhaiteraient plutôt ralentir qu'accélérer le rythme contraint des « échéances » et se donner des « marges de manœuvre », des temps de latence, de réflexion, de marche, de « césure » et de lecture (et pourquoi pas de se donner le temps de lire ce livre ?). Vive le temps « doux » ou cool, l'urbanisme « durable » (?) et « La ville frugale » (Jean Haëtjens). Ces prospectivistes du temps court sont des prudents, certains disent des « sages » qui ne font confiance qu'aux recettes éprouvées, testées, validées.

Pour le moyen terme, la prospective active, celle qui est dite proactive, propose des outils qui ont fait leurs preuves en de multiples circonstances et pour des publics très divers. Certains sont un peu frustres, rapides et peu coûteux. Cela commence par « la tête entre les mains »; d'autres demandent la mise en ouvre de moyens « lourds », scientifiques et coûteux, dont les spécialistes américains des « future studios » sont familiers. Mais dans les deux cas, on peut utiliser des techniques qualitatives et quantitatives, seuls ou en grand groupe, en quelques heures ou sur plusieurs années (voir la bibliographie des auteurs). Ainsi Jacques Lesourne, pour le compte de l'OCDE, a conçu et piloté l'exercice « Interfuturs » qui a duré plusieurs années et Thierry Gaudin, au ministère de la Recherche, a entrepris jadis un travail pluridisciplinaire, non renouvelé à ce jour, qui a donné lieu à la publication après dix années d'effort de l'ouvrage « Récits du prochain siècle » (Dunod).

Pour le long terme - plusieurs années ou l'infini -, le débat est ouvert et n'est pas pressé de se refermer. Chacun, dans son domaine (scientifique, militaire, économique, littéraire, numérique, culturelle etc.) est en effet familier d'un « récit du futur » qui lui est familier et qu'il a fondé, consolidé, testé. A chacun sa technique d'élaboration du *« storytelling »*, pour lui et pour d'autres.

Constatons cependant, pour ce qui concerne la France et l'Europe, que nous manquons gravement, comme à aucune période de l'histoire française récente, de « grands récits » selon l'expression du philosophe Jean-François Lyotard. Depuis la fin des « Trente Glorieuses » (1945-1975) en effet et des soubresauts de l'utopie « mai 68 » plus rien, sauf quelques proclamations anarcho-libertaires bien françaises, qui se sont fracassées sur les attentas terroristes, les proclamations « déclinistes »,l'arrêt net de la croissance économique, le chômage massif etl'élection d'Emmanuel Macron. Mais après? **Heureusement le long terme n'est la propriété de personne. Il appartiendra à celui qui aura le courage de s'y aventurer. Au travail !**

12. L'art et le futur

Pour nous, la prospective longue ne peut se passer de l'art. Bien plus : l'art est la partie immergée et le moteur même de l'invention du temps long, qui se manifeste par l'œuvre de l'artiste qui guide les « acteurs de l'impossible » dans l'infini du temps. Par essence la « prospective longue » va jusqu'à l'essentiel : l'infini. Ainsi le texte du « Bateau ivre » d'Arthur Rimbaud est inscrit sur le mur de la Trésorerie Générale du VIIe arrondissement de Paris, rue Férou dans le 7e arrondissement, et y restera éternellement. Il y a en effet, et tous les artistes en témoignent, chacun à leur manière, une ivresse du temps long dans la création artistique, la conviction pour l'artiste que leur œuvre restera, éternellement. C'est vrai en particulier pour l'architecture, la littérature et la musique et par exemple pour les « monuments historiques » classés en France et pour les sites classés par l'Unesco dans le monde.

« Pour moi il n'y a de passé ni d'avenir dans l'art. Si une œuvre d'art ne peut vivre toujours dans le présent, il est inutile de s'y attarder. » Pablo Picasso
« Quelque fois l'avenir habite en nous sans que nous le sachions, et nos paroles qui croient mentir dessinent une réalité prochaine. » Marcel Proust
« La vie est un roman. » Alain Resnais
« Si l'univers n'a pas volé en éclat, c'est qu'il est construit pour durer. » Jean d'Ormesson

Les artistes ne s'intéresse guère au passé, parce qu'ils ne s'intéressent qu'à la création, à ce qui n'existe pas encore. Donc ils ne nous parlent que du futur. Ils sont les seuls à briser l'aujourd'hui et ses maléfices, à « voir » au delà du possible, en tout cas au delà des contraintes du présent. Donc ils nous transportent vers l'avant, au delà même de ce qui existe déjà. Jules Verne, prospectiviste littéraire, parce qu'il s'intéressait avant tout le monde à ce qui pourrait se passer demain, a écrit : « Tout ce qui s'est fait dans le monde s'est fait au nom d'espérances exagérées ». Marguerite Yourcenar comme Arthur Rimbaud, ont été au delà des espérances des lecteurs de Jules Verne. Ils se sont interrogés tous deux, délibérément, sur la fin des temps et avec les mêmes mots : « Quoi ? - L'éternité »

Anecdote
Je crois en la puissance des rêves
Il m'est souvent arrivé, au réveil d'une longue nuit, succédant au dur labeur d'un exercice prospectif difficile dont je ne voyais pas bien l'issue, de « voir » tout à coup, de « formuler » clairement, dans ma tête, un scénario ou même plusieurs, simples et convaincants, au minimum une « image », un schéma, voir une « idée » ou seulement un simple mot, comme une évidence de ce qui allait advenir concernant le travail de la veille, passablement embrouillé. Ce que je « voyais » était plausible, possible, intéressant pour mes interlocuteurs, et correspondait à leurs attentes. C'était comme une « vision » des futurs possibles,

parfois à « double détente », ou « à condition que », ou « sauf si » ou « pas tout de suite mais à terme ». Sorti de mon rêve je savais donc clairement ce que j'allais dire à mes interlocuteurs, et qu'ils allaient s'en saisir eux-mêmes, le formuler avec leurs mots, l'illustrer, le consolider ou le combattre. Parfois ils se sont applaudis eux-mêmes, étonnés d'avoir inventer leur futur...
Il pouvait d'agir d'une situation délicate, d'un « problème » inextricable, d'un « séminaire » dont je ne voyais pas bien la « voie de sortie » opportune, pour moi et mes partenaires. A chaque fois, contrairement à ceux de mes confrères qui réagissent en ce cas un peu paresseusement en décrivant plusieurs scénarios – l'un pessimiste et l'autre optimiste – je « mets en sommeil » le problème la veille et m'endors avec.
Ainsi, selon le bon principe « la nuit porte conseil », je suis sorti à chaque fois de mon rêve le lendemain, reposé et serin, avec « une idée » des futurs possibles. Il en fut ainsi à Kaboul, à Montevideo, à Grenoble et à St Nazaire, à Cayenne, en région Poitou-Charentes aussi. Dans ce dernier cas le président Jean-Pierre Raffarin était ravi et pour la Guyane française le préfet... circonspect.

13. Peut-on déconstruire/détruire/ (puis reconstruire ?) le futur ?

Les vrais adversaires du « futur annoncé » sont les plus nocifs, et les plus dangereux, car déterminés à tuer dans l'œuf tous projets, promesses, espérances, propositions, programmes et sont convaincus de nier et refouler à jamais toute bonne volonté de « construire » l'avenir autrement que ce qu'ils veulent. Les ayatollahs de la mort du futur sont de tous les temps, soient qu'ils soient aigris ou jaloux, soit qu'ils se vengent de n'avoir pu avoir raison jadis et ne peuvent qu'être contre toute annonce ou projet qui ne serait pas le leur, soit enfin qu'ils s'en veulent en secret d'avoir laissé « passer leur tour ». En tout régime, en toute démocratie, chacun connaît en plus la puissance négative d'une opposition aveugle et systématique, alimentée parfois par une sorte de « haine de soi » pathologique. C'est la tactique du « faible » contre le « fort » : l'obstruction, le « niet », le refus comme unique stratégie. Ainsi les téléspectateurs français se souviendront longtemps du : « Taisez-vous Elkabach ! », émis à la télévision par le secrétaire général du Parti Communiste Français d'alors Georges Marchais. Chacun sait aussi que le « toujours contre » est parfois une commodité paresseuse de la part de syndicats, partis, « mouvements » ou« communautés » qui se veulent définitivement « contre », maudis ou « insoumis » à jamais. C'est non ! *No future !*

Détruire le futur par avance, en tout cas s'engager à le saboter, est une sorte d'engagement inversé, un lancer de flèches, destiné à tuer dans l'œuf toute action future de l'adversaire, du partenaire ou de « tout autre ». C'est une façon diabolique et parfois temporairement efficace de nier le futur ou le refuser, avant même d'avoir commencé à proposer autre chose. Ainsi tous les sociologues, historiens ou politologues expliquent souvent qu'une action politique commence le plus souvent par une « révolte », une critique, une accusation, une revendication, une « insoumission » dit-on maintenant, qui accuse le « pouvoir » d'ourdir un « Coup d'État permanent » (François Mitterrand).

Après la « destruction » du futur », trois options s'offrent pour rebondir, et continuer à vivre, selon l'idée que l'histoire ne se poursuit pas avec le souvenir du passé ou son prolongement, mais avec la « promesse » d'autre chose, voire jadis du « grand soir » ou même de « la fin des temps »

- soit en construisant « autre chose », par exemple une « deuxième vie » (titre du livre du philosophe François Julien)
- soit en profitant d'une catastrophe (ou en la provocant) comme l'occasion d'une « destruction créatrice », selon l'expression de l'économiste austro-américain Joseph Schumpeter (1883-1950). Schumpeter et les théoriciens de cette école conduisent une pensée fondée sur les rebonds du capitalisme, qui seraient dus à de nouvelles « grappe d'innovations ». Il a en particulier popularisé l'idée qu'une guerre ou une catastrophe peut être l'occasion d'un nouveau *take off*, comme on le voit après les grandes guerres mondiales.

- soit en pariant sur une nouvelle dynamique de «l'annonce» prophétique : *« L'histoire ne commence pas avec le souvenir. Elle commence avec la promesse (...) La première catégorie de la conscience historique, ce n'est pas le souvenir, c'est l'annonce, l'attente, la promesse »*, écrit Jean d'Ormesson dans «La création du monde». J'ai enfin entendu Erik Orsenna au Futuroscope répondre à Jean-Pierre Raffarin qu'il était «prospectiviste» par nature car romancier, et de plus assuré du futur par fonction car... éternel, comme académicien français!

Il est même possible de pousser plus loin le paradoxe du futur impossible en le considérant comme une sorte de passé inversé, ou même l'apothéose de ce qui n'a jamais existé, parce que les gens raisonnables ont toujours pensé que c'était impossible. Marguerite Yourcenar écrit ainsi : «Il faut toujours un coup de folie pour bâtir un destin».

14. Le futur en logique inverse

Pour certains, construire le futur ne serait pas tant l'inventer à neuf à partir de rien ou même du passé inversé (en mieux cette fois) que de le concevoir comme le rebonds d'un présent inachevé ou interrompu par un «grand évènement» singulier. Ainsi les fils de Noé, selon le premier livre de la Bible, rescapés du« déluge», construisirent la tour dite de «Babel»... qui s'effondra !

- De cette première école découle une pensée en quelque sorte correctrice d'un passé inaccompli, funeste ou trop tôt arrêté, ce qu'on appelle l'uchronie. Le futur ne serait ainsi non une histoire «neuve», mais une histoire «inversée» et dès lors inédite, prenant appui sur un événement passé. Ainsi la réconciliation franco-allemande du traité de l'Élysée signée par Konrad Adenauer et Charles de Gaulle en 1946 ne serait d'abord que l'amorce d'un nouvel âge de l'axe franco-allemand, collaboration de plus en plus féconde, qui est encore aujourd'hui – après trois guerres fratricides entre l'Allemagne et la France (1870, 1914-1918, 1939-1945) – le fondement même, la base, encore soixante dix ans après, de l'Union Européenne. Ainsi la première initiative du nouveau président français en mai 2017 fut de se rendre à Berlin.

- De la seconde école provient l'idée que les grandes stratégies du monde contemporain sont fondées sur un rebonds, une réaction, une contre-offensive vertueuse, venant après un cataclysme, une « grande guerre », une menace d'engloutissement d'un présent dramatique, interrompu de façon brutale. Tous les économistes savent qu'une « bonne guerre » permet de « liquider » un passé coupable ou une sombre défaite, en donnant l'occasion de « reconstruire » le pays à neuf en « mettant au travail » un pays meurtri. Ainsi furent fondées les « miracles » japonais, allemand... et français (Les « Trente Glorieuses ») d'après la Seconde Guerre Mondiale. Ainsi furent réalisées avec succès de grands chantiers post-catastrophes. De même le nouveau dynamisme du Vietnam comme de l'Éthiopie, après de très longs conflits, s'expliquent en partie par la nécessité de reconstruire le pays. Ainsi furent fondées de nouvelles alliances internationales paradoxales, ou la relance vertueuse d'ex-pays coloniaux avec l'aide de la puissance colonisatrice de jadis.

Anecdote

La « destruction créatrice » de Joseph Schumpeter

Lors de notre rencontre avec l'ambassadeur de France en 2006 à Kaboul (Afghanistan), celui-ci se plaignit devant nous que, pour des raisons de sécurité, la plupart des grands groupes français du bâtiment et des travaux publics avaient ces derniers mois fermé leurs antennes à Kaboul. Il ne fallait pas en effet être grand clerc pour imaginer que la reconstruction d'un pays meurtri par trente ans de guerre procurerait aux entreprises chargées de la reconstruction du pays – tôt ou tard – des chantiers colossaux, donc du chiffre d'affaires. Ainsi en sera-t-il prochainement en Syrie et en Irak, et chacun s'y prépare.

- Enfin et surtout - troisième « rebonds » et le plus difficile à imaginer – le plus difficile, sur la longue durée, est de prévoir une catastrophe à venir, un « déluge », un « hyper-conflit », une pandémie mondiale, toute chose qui impressionnent les lecteurs de BD, de magazines et de récits pour enfants. Ainsi en prospective inversée un écrivain érudit rappellera le séisme de Lisbonne en 1755 (plus de 30 000 morts), qui a tant ému Voltaire, ou la triple destruction de Carthage ou même l'irruption violente - et totalement inimaginable par les Romains le 24 aout 410 - des hordes des Wisigoths conduits par Alaric, qui se livrèrent au pillage intégral de la « ville éternelle » durant trois jours. Mais ce que personne – en tout cas aucun historien – ne raconte jamais, c'est la capacité de « résilience » (Boris Cyrulnik) des villes et civilisations après les traumatismes majeurs de l'histoire. Et cette histoire des résiliences serait utile pour définir, imaginer et constituer dès aujourd'hui les conditions à réunir pour que les répercussions des futures « ruptures » violentes - et inimaginables - de l'histoire à venir soient conduites avec intelligence. Ainsi furent improvisées en urgence absolue les « suites à donner » aux attentats de Paris de 2015 et à la crise du Coronavirus de 2020. Saurons-nous réagir à de plus immenses catastrophes, nullement exclues ? Et les Japonais après la catastrophe de Fukushima, les Américains après le 11 septembre 2001 et les Russes après Tchernobyl ont-ils « bien » réagi ?

Notre conviction, instruite par l'expérience, c'est qu'« avancer dans le noir », d'aujourd'hui à demain, c'est passer de l'idée au synopsis, puis du synopsis au scénario, puis du scénario au tournage, plan par plan, dans l'ordre, comme une histoire inventée, qui commence par *« il était une fois »*. Alain Resnais disait : *« La vie est un roman »*. Le film d'un ou des avenirs possibles est un roman de vie, un « mentir vrai » disait Louis Aragon, avec un début et plusieurs fins, toutes possibles. Christian Salmon dirait que l'exercice de prospective est un *« storytelling »* (La Découverte, 2008), une « machine à fabriquer des histoires ». Comment faire ? C'est l'objet du chapitre 6.

CHAPITRE 6

RACONTER L'HISTOIRE QUI VIENT

« Notre liberté et notre pouvoir d'action se définissent par notre volonté d'assumer la responsabilité de l'avenir. »
Ivan Illich

Avancer «dans le noir» en tâtonnant, hésitant, explorant, expérimentant, imaginant, calculant et se trompant, est casse-cou. Progresser dans un tunnel mal ou pas éclairé n'est jamais facile. Le travail est inconfortable, les surprises fréquentes. Si un exercice de prospective demeure donc toujours une aventure, encore faut-il qu'il ne soit pas seulement préparé, mais organisé avec soin tout au long du parcours. La question de la méthode est donc centrale. Voici quelques balises utiles que l'expérience - et parfois les échecs - de l'auteur lui permet de transmettre au lecteur. Voici ce que m'a transmis, par heurs et malheurs, cinquante années d'essais/erreurs en prospective. Resnais disait « la vie est un roman». Essayons d'expliquer au lecteur que faire de la prospective c'est raconter une histoire... future.

Ébauche d'une méthode du *storytelling* **prospectif, ou comment écrire, dire, dessiner, concevoir, inventer des histoires... qui n'existent pas encore.** D'abord, contrairement aux BD, aux romans et aux films, elles concernent des situations, des lieux et des personnages réels, et les résultats du travail doivent être également réels et en plus crédibles, selon un cheminement argumenté dans le temps. Mais attention, non seulement l'exercice à conduire concerne du réel (et pas de l'imaginaire), mais il doit être pluriel, concluant sur plusieurs «fins», toutes réalistes, contrairement au roman ou au film. Une «histoire prospective» a nécessairement plusieurs fins. Enfin et surtout, troisième condition impérative, il faut que ces histoires – qui ne sont pas élaborées pour amuser ou distraire le lecteur – permettent au commanditaire de croire et comprendre, puis de décider et avancer, définir sa stratégie et enfin construire son propre avenir. A défaut le prospectiviste... ne sera ni compris... ni payé ! Il devra, pour ne pas être ridicule, se mettre « en fuite », par le premier avion. Cela m'est arrivé, comme à tous mes confrères.

1. Convoquer les prophètes

Certains font profession de prévoir l'avenir. Certes, contrairement à un notaire, un policier ou un chirurgien, le métier est peu sérieux et pas du tout référencé. Les bavards et les bonimenteurs, les rigolos et les fous, les mystiques et les magiciens prolifèrent en la matière. Mais il y a plus sérieux, et ce depuis la lointaine antiquité grecque. Les prophètes sont de tous les temps.
Dans toutes les religions, il proclame, alerte, menace, tempête, maudit, puis enjoint ses lecteurs ou auditeurs, assistés des prêtres, de se repentir, de rectifier leur conduite, de louer les dieux et de les remercier par une offrande « sacrée ». Ainsi Isaïe, Jérémie et tous les prophètes chrétiens (une cinquantaine), dont les écrits couvrent les pages 1287 à 1694 de l'Ancien Testament, soit plus de 400 pages, proclament leurs oracles, enjoignant le peuple des fidèles à écouter Yahvé, en « prêtant l'oreille à l'enseignement de notre Dieu » (1, 10). Puis vinrent Jean-Baptiste, le dernier des prophètes, qui annonçait « la venue du Messie ». Mais aujourd'hui où sont les prophètes ? Est-ce qu'il faut même en nos temps bouleversés les chercher... et les croire sur parole ? Ou à travers pas seulement des mots mais aussi des images, des chiffres ou des musiques ? Les « nouveaux prophètes » sont-ils sur Facebook ou Google ?

Anecdote

Où sont passés les prophètes ? Ont-ils disparu ? Et pourquoi ?
Mon prophète préféré était et reste l'anglais Sir Thomas More, avocat puis chancelier d'Angleterre, ami d'Érasme, qui mourut décapité sur l'ordre du roi Henri VIII. Il écrivit en effet le premier livre d'utopie politique de l'époque moderne, publié en latin en 1513 à Louvain, et titré « Utopie ». Le pape Jean Paul II l'a consacré le saint patron des hommes politiques. Il n'eut guère de successeurs, particulièrement en cette actualité incertaine de début de siècle, mis à part une poignée de prophètes, un peu « fatigués » de « clamer dans le désert » sans être entendus. Mais n'est-ce pas leur destin commun ? Aujourd'hui, en France en tout cas, c'est le trop plein ou le vide absolu, sauf quelques « élites » auto-proclamés, à moins que le président de la République lui-même n'endosse lui-même le costume...

Il faut avouer également que la profession de prophète est aujourd'hui dévaluée. Plus personne ne les écoute - s'ils existent encore - à part ceux de « Nuit debout », qui ont déjà fermé boutique. A la limite certains se demandent sérieusement si les prophètes ne sont pas en voie d'extinction, voire s'ils n'ont pas totalement disparu. Seul surnagent, à la campagne quelques « voyants » professionnels qui tiennent salon chaque année à Paris, e dans les magazines quelques « experts », et dans des ouvrages savants de sérieuses maisons d'édition des « prophètes de malheur » (rarement de bonheur), princes de « l'alerte », magiciens-poètes du « Indignez vous ! », porte-voix des « Insoumis » et agitateurs du web. Les « déclinistes », comme on les appelle, ont envahi les vitrines des librairies et les kiosques à journaux ! Faites vos jeux !

Alors, fin de la prospective, abandonnée par les réalistes, les « intellectuels intelligents » et les gouvernements contemporains, qui ne promettent plus rien que « du sang et des larmes », la « repentance » très en vogue... ou rien du tout ? Qu'en pensent les « professeurs du Collège de France », les nouveaux maîtres de la politique, du cinéma, de la science et de la littérature ? Où sont les successeurs des Bernanos, Claudel et Péguy, le chantre de « La petite espérance » ? Où en est le futur lui-même, puisque l'économie est à l'arrêt, la guerre à nos portes et le mal en nous ? Faut-il donc regarder l'avenir, l'œil seulement rivé dans le rétroviseur ? Était-ce mieux avant ? Qu'en pense le philosophe à la mode Michel Onfray ? Il publie seulement un livre entier, intitulé : « Décadence » et une revue baptisée « Front populaire », qui proclame « La République bleu-blanc-rouge ». Alors « Fin de partie » ?

2. Lire et méditer les « maîtres » de la prospective

La prospective est un mot neuf, difficile, étrange, prétexte à toute sorte de glose et d'interprétation de la part de ses thuriféraires, particulièrement en France, patrie de son inventeur Gaston Berger. En tout cas, contrairement à une erreur courante, ce n'est ni la prévision, ni la « vision à long terme », ni la futurologie et encore moins l'utopie. Attention, il ne faut pas confondre les innombrables variantes des dires du prophète Mahomet et mettre par exemple aujourd'hui dans le même sac Alaouites, Chiites et Sunnites. Quand il s'agit d'avenir, il y a des risques, de l'incertitude, du danger. Revenons donc au créateur lui-même, à l'inventeur, au « grand prophète », au « pape » de la prospective, pour une fois français, qui créa le mot et cette discipline intellectuelle devenue majeure, et dont nous avons plus que jamais besoin en ces moments d'incertitude, voire de panique irraisonnée.

Pour la psychanalyse, chacun sait qu'il faut revenir au docteur Freud, l'inventeur, qui eut de multiples disciples, qui continuent d'ailleurs à se chamailler entre eux. Pour les héritiers de Mahomet, depuis le septième siècle, c'est pire encore : ils s'entretuent sous nos yeux et même dans nos banlieues, pour savoir si tel ou tel a dit vrai. Et comme il n'y a ni pape, ni concile ni même d'évêques et fort peux de théologiens pour trancher, les massacres continuent...

Gaston Berger (1896-1960) était philosophe, et fut aussi patron d'une PME de mécanique, puis directeur de l'enseignement supérieur de son temps. Il n'écrivit qu'un seul livre (« Étapes de la prospective », PUF, 1967) comme Thomas More (« Utopie ») ou Mahomet (« le Coran »), Jésus come Socrate aucun et le docteur Freud plusieurs. Gaston Berger écrivit cependant de nombreux articles, qui définissent avec clarté ce qu'est selon lui « la prospective ». Voici les phrases essentielles de ses écrits:

- « Nous apprendrons à considérer l'avenir non comme une chose déjà décidée et qui petit à petit se découvrirait à nous, mais comme une chose à faire »
- « L'esprit prospectif (...) ne détermine pas. Il éclaire »
- « L'avenir n'est pas seulement ce qui peut arriver ou ce qui a le plus de chance de se produire. Il est aussi, dans une proportion qui ne cesse de croitre, ce que nous aurons voulu qu'il soit »
- « Regarder l'avenir le bouleverse »

Sur ces bases Bertrand de Jouvenel, journaliste, et quelques intellectuels de l'époque, dont Pierre Massé et Jacques de Bourbon-Musset, créèrent la revue « Prospective » qui deviendra « Futuribles », revue qui existe toujours, dirigée aujourd'hui par Hugues de Jouvenel.

De ce fondement intellectuel, quatre rameaux se sont déployés en France :

- Un *think tank*, fondé par Bertrand de Jouvenel, aujourd'hui dirigé par François de Jouvenel, comprenant la revue « Futuribles », une structure de conseil, de recherche et de formation, et une association présidée par Yannick Blanc
- Un cycle d'enseignement supérieur au Conservatoire National des Arts et Métiers à Paris, dirigé par Jacques Lesourne, puis Michel Godet, et aujourd'hui Philippe Durance, titulaire de la chaire de Prospective du CNAM
- Une fondation dite « Prospective 2100 », présidée par Thierry Gaudin, auteur de « Récits du prochain siècle » et du « Que sais-je » « Prospective » au PUF.
- Une « société savante » récente, créée par Fabienne Goux-Baudiment et aujourd'hui présidée par Jean-Éric Aubert, nommée Société Française de Prospective (SFdP), qui organise annuellement un « Printemps de la prospective »

Par contre, outre une dizaine de cabinets de conseil de petite taille, jamais l'université française et aucune Grande École ni aucun éditeur ne créa en France un cycle de formation, une collection d'ouvrage et encore moins un « laboratoire », une bibliothèque, une École Doctorale ou un « centre de ressources » en matière de prospective. C'est que la prospective sent le soufre et n'appartient à personne ! Et c'est peut-être tant mieux ! Gaston Berger disait de la discipline intellectuelle qu'il avait créée : « La raison de nos actes est en avant de nous : nous allons vers notre jeunesse ». Occupons nous donc de la « jeunesse » d'une discipline qui n'a qu'un siècle d'âge, plutôt que des chamailleries des exégètes contemporains de la pensée du maître, qui n'a pas de successeur désigné. La prospective est par essence ouverte, démocratique et plurielle. Elle le restera par ses fondements mêmes. Il n'y aura donc jamais de «traité de prospective» ni de «pensée unique», pas même – comme on le dit en politique – d'«éléments de langage» communs.

En matière de prospective publique le gouvernement français fut actif ces dernières années, de Jérôme Monod à Jean-Louis Guigou, patrons successifs de la DATAR. Elle n'existe plus sous la forme ouverte des années soixante. Le dernier avatar d'une équipe nationale de prospective du gouvernement français, mis en place par Jean-Pierre Raffarin, alors Premier ministre de Jacques Chirac, fut en effet supprimé d'un trait de plume par son successeur Dominique de Villepin, dès les premiers jours de son mandat en 2005. Depuis, plus rien, sauf le CAPS (Centre d'Analyse, de Prospective et de Stratégie) du ministère des Affaires Étrangères, mais qui ne se soucie que de la place de la France dans le monde. Et un service du ministère de l'Agriculture, dirigé par Bruno Hérault. De même en Europe, la cellule de prospective de l'Union Européenne créée par Jacques Delors alors qu'il était président de la Commission Européenne, et dirigée à l'époque par Jérôme Vignon, n'existe plus. Par contre la prospective dite «territoriale», dans certaines grandes villes, départements et régions est toujours active à l'initiative des élus locaux.

Anecdote

Jean-Pierre Raffarin jadis vice-président du Sénat et ancien Premier ministre, est un passionné de prospective. Il créa auprès de lui, quand il était président du Conseil Régional de Poitou-Charentes et ministre puis sénateur, avant d'être nommé Premie ministre par Jacques Chirac, un « Collège Régional de Prospective » très actif dont je fus membre avec mes confrères Guy Loinger et Christian Lemaignan. Ségolène Royal, qui lui succéda à la présidence s'empressa de mettre fin à ces exercices jugés inutiles de « pensée du futur ». De toute façon, cette région « fragile » du centre de la France fut – quelques années plus tard - dissoute et absorbée dans la nouvelle grande région de la « Nouvelle Aquitaine ».

3. Examiner les invariants, pronostiquer les « tendances lourdes », prévoir les « ruptures possibles » et recueillir les « signaux faibles »

L'avenir est changeant, et le plus souvent imprévisible. Le déterminisme est un mensonge, car de mémoire d'homme les « choses », les individus, les paysages, les « valeurs » et les « sociétés » résistent instinctivement aux changements. Mais contraints et forcés, parfois brutalement, ils bougent sans cesse. Il font donc l'objet de toutes les attentions des scientifiques et des dirigeants d'entreprise pour la raison simple que l'étude de l'évolution du monde est nécessaire, voire indispensable et souvent possible. Dans certains métiers ou secteurs d'activité ce travail est indispensable pour gérer, investir, décider et donc anticiper pour sécuriser le risque autant que possible. Or les invariants du futur sont parfois identifiables à moyen terme et la marge d'erreur souvent faible, contrairement aux croyances du non spécialiste et aux préjugés de l'opinion. Les économistes, les politologues et les sociologues sont plus incertains, les « tendances lourdes » n'étant point exemptes de « retournements de conjoncture ».

Dans tous les secteurs de l'industrie, du commerce, de la finance, de la publicité et des médias et même de la politique, des armées d'experts scrutent sans relâche les reins et les cœurs, les envies et les besoins, les rêves même du monde entier, et surtout les productions intellectuelles (colloques, séminaires, missions scientifiques, articles) des chercheurs spécialisés, dont les résultats sont le plus souvent secrets et jalousement préservés. Toute entreprise met ainsi en batterie savants et experts de toute la Terre pour « savoir » de quoi demain sera fait dans son secteur d'activité. Les laboratoires de recherche prospective – dont les résultats sont confidentiels, sauf quand ils sont publiés dans « Science » ou « Futuribles » - prolifèrent, se jalousent, se cachent et se pillent sans vergogne. Et plus les chercheurs sont rares dans une discipline de pointe, plus ils sont chers... et peu bavards. Les résultats de la prospective scientifique et politique sont, en tout pays et pour l'essentiel,, « confidentiel défense », le pillage par internet – via les GAFA, faisant des ravages, y compris par l'usage volontaire de « faux ».

Mais en certains domaines les invariants sont solides, mesurables et publiés. C'est le cas dans les disciplines de l'astrophysique (dont Hubert Reeves est « le référent », qui fait autorité), la pédologie (les sols « bougent » peu), l'eau et les mers (voir Erik Orsenna) ou la démographie (voir l'Institut d'Études Démographiques). La revue « Futuribles » cherchent sur commande et publie ce qui est autorisé par le commanditaire. Par exemple, sauf guerres, épidémies ou migrations brutales, toutes choses imprévisibles, la population d'une ville ou d'un petit « pays » d'ici dix ans peut être calculée sans beaucoup d'erreurs dans une « fourchette » étroite, grâce à des modèles mathématiques robustes. Par contre l'avenir de la Syrie est une énigme et l'évolution du climat l'objet d'un débat planétaire. L'avenir de la Chine est incompréhensible, comme celui des USA et du Royaume-Uni.

Heureusement des observateurs comme Philippe Cahen – qui diffuse par abonnement les résultats des évolutions des « tendances lourdes » ou « émergentes » qu'il mesure -, les publications de « Vigie » de « Futuribles » et les articles de magazines spécialités sont précieux pour imaginer des avenirs raisonnables, parce que raisonnés, voire mesurés, chiffrés et suivis dans la durée sur la base de l'examen de publications scientifiques internationales.

Anecdote

Dans une vie antérieure, alors que j'étais professeur invité à l'Université de Sao Paulo, j'eus le plaisir de lire l'ouvrage d'un professeur d'économie très savant et fort connu à l'époque, nommé Mario Henrique Simonsen, chroniqueur du quotidien de référence – équivalent du « Monde » : « O Estado de Sao Paulo ». *Son livre, intitulé* « Brasil 2002 » *(non traduit), nourri d'approches théoriques, de modèles savants et de batteries de chiffres, publié en 1972 – donc au plus haut de la conjoncture économique brésilienne, qui atteignait depuis 1964 plus de 10% de croissance annuelle du PIB, pronostiquait, preuves à l'appui, le maintien d'une croissance à deux chiffres sur dix ans au moins... ce qui n'advint point, la récession et l'inflation, démons familiers au Brésil, précipitant, peu d'années après la publication du livre, l'économie brésilienne dans la récession. Le « miracle » fut donc de courte durée. L'échec du simple « prolongement des courbes », abondamment justifié par de multiples exemples internationaux, et considéré comme rationnels pour un exercice de prospective scientifique appliquée, plongea le distingué professeur dans le ridicule. « Ce n'est pas ma faute si les chiffres étaient truqués » plaida l'expert et nouveau ministre des Finances ! Refrain connu.*

4. Comment raconter ce qui va advenir ?

Tout romancier, journaliste ou homme politique sait d'instinct ce que l'auditeur, l'électeur ou le lecteur désire entendre ou lire. Il a de la chance. Il peut même trousser une « histoire » à raconter sur demain, totalement inventée mais possible, au minimum réaliste. Ses seuls contraintes viennent de son auditoire ou de son lectorat ; il doit être intéressant, crédible et plaisant, voir surprenant quand il s'appelle Jules Verne. La vérité de l'avenir importe peu, puisque personne n'en sait rien, en tout cas rien de sûr. Car jusqu'à présent nul n'est revenu du futur. Il faut donc – pour appâter le lecteur – non pas inventer (ce qui est tentant) mais faire du *storytelling*, brasser peut-être du « vent », piller les experts, mais selon une trame qui paraît fondée en anticipant sur quelques « tendances lourdes ». « Sur le terrain », dans un périmètre restreint, et d'expérience longue, les trois experts du « buzz » et familiers des consciences, histoires de famille, haines recuites et sociologie du « pays » sont d'expérience longue de l'auteur le curé, le notaire et le « localier » (rédacteur de la rubrique locale dans le quotidien, le plus souvent unique (voir encadré).

Anecdote

Ceux qui savent et anticipent par profession : les « veilleurs »

Lors d'une enquête, je tombai à Vichy (Allier), le maire étant absent, ancien ministre et « parachuté », sur un homme peu pressé, qui cumulait le fait d'être notaire (le plus important de la ville), premier adjoint, adjoint aux finances et à l'urbanisme. Cet homme savait tout sur tout et tous, et anticipait par profession sur ce qui allait advenir. J'ai, après deux heures avec lui, repris le train pour Paris..., l'enquête étant terminée. A Douai (Nord) je suis tombé, après une rapide enquête, sur le notaire du lieu, jeune et curieux, bavard et très bien informé, propriétaire d'une importante office notariale, transmise de père en fils depuis Louis XIV. Tous les autres acteurs de la ville ont validé son diagnostic, prudent mais exact. A Évry, une heure avec le secrétaire de l'évêque du lieu, en face de la mairie, m'a permis là encore de gagner un temps précieux. Il savait tout sur « les reins et les cœurs » des Evryens, étant très lié de plus avec le rabbin et l'imam de la ville. Par contre une rencontre avec le maire est naturellement toujours indispensable, mais son point de vue est « l'officiel « , et surtout sa propre manière de percevoir son territoire... et ses ambitions électorales Par contre un entretien avec le « localier » (le correspondant local du quotidien local) et le curé permet de cerner une rumeur, de détecter des « signaux faibles », des évolutions peu visibles.

Sur ces bases le prospectiviste doit concevoir un ou plusieurs « grand récit(s) » (au sens du philosophe Jean-François Liotard, 1924-1998), certes imaginaire mais possible, ou mieux plusieurs selon des futurs possibles (« futuribles »), qui permettront à l'interlocuteur ou au lecteur de croire que le prospectiviste ne lui force pas la main et qu'il aura même des « degrés de liberté » pour choisir sa stratégie. C'est que le dirigeant – même Napoléon avant Waterloo - a de tout temps essayé de sécuriser son risque en cherchant des indications même frustres, des évolutions possibles dans son secteur, chez ses concurrents et alliés, ses clients, ses partenaires et au sein même du gouvernement de son pays. L'incertitude dans la vie des affaires est mauvaise conseillère. Les prospectivistes ont donc devant eux, en cette matière, un avenir radieux. « Deviner » l'avenir n'a pas de prix !

Anecdote
Le prospectiviste doit-il mentir pour faire plaisir à son commanditaire ?
Pressé, il y a plusieurs décades, par le maire de Limoges d'apporter des preuves à la thèse qu'il défendait d'une montée en régime des relations entre sa ville et Poitiers, ceci afin de plaider son « branchement » nécessaire (auprès de l'État et de la SNCF) sur la gare TGV de Poitiers pour sortir de son isolement, je mis plusieurs mois à accumuler les preuves contraires. Il n'y avait pas de « notable » augmentation prévisible de trafic routier sur la mauvaise route nationale qui relie les deux villes, et nulle perspective d'augmentation du trafic SNCF inter-cités et – au contraire – menace de diminution de la fréquence, voire de la fermeture de la ligne Poitiers – Limoges qui ne charriait par jour que quelques scolaires, étudiants et personnes âgées dans des trains quasi-vides. Le maire me traita de « journaliste » et me mit à la porte de son bureau... Certes j'aurais pu mentir un peu (par omission en tout cas) et plaider seulement qu'il « suffisait» de réunir les deux villes, séparées « seulement » de 121 kilomètres par une mauvaise route! Je n'en fis rien. Le maire de Poitiers plaida plutôt quant à lui pour un branchement de Limoges sur la gare d'Angoulême TGV, distante de la capitale du Limousin de « seulement » 95 kilomètres. Tout cela fut balayé, quelques années plus tard, par l'intégration des deux régions (Limousin et Poitou-Charentes) dans une vaste « grande région » (« Nouvelle Aquitaine »), centrée sur... Bordeaux.

Pour dire le futur sans fâcher son interlocuteur, le plus simple est de plaider le « sans changement » ou le « pas de souci, toutes choses égales par ailleurs ». Le risque est alors, dans le cas d'une conclusion contraire aux espérances ou au « bon sens », de décrédibiliser le prospectiviste, sommé en « sortant du cadre » en inventant des futurs possibles, si possible radieux, ou désastreux, de le prouver, sauf à être « jeté ». Il doit donc annoncer le plus souvent – car il est appelé généralement quand tout va mal- 1) que le risque est grand d'une « catastrophe annoncée » en cas de non-décision et 2) que le futur est ouvert à condition qu'une « rupture » dans la « tendance lourde » intervienne sans (trop) tarder. Et que des mesures fortes soient prises rapidement pour « inverser la courbe » (de l'inflation, de l'afflux des réfugiés etc.). Le plus facile est de décrire – sans « rupture » – un scénario pessimiste puis un scénario optimiste, ce qui ne sert pas à grand chose

5. Comment inventer le futur, au risque de se tromper ?

Le futur possible est à trouver dans la porte étroite entre le bon sens et l'invraisemblable, mais qui peut être vrai, plus tard ou jamais.

1 - Le scénario du futur le plus radical – certains disent le plus courageux – est le scénario du rien, de l'attente et parfois de la paresse, ou même du « retour en arrière » si ce n'est le scénario du « refus » ou de la « table à l'envers ». La légende raconte qu'Edgar Faure, lorsqu'il était Président du Conseil, aurait demandé qu'on lui propose un « plan qui n'engagerait pas trop l'avenir ». Certains cultivent le pessimisme et l'inaction jusqu'au mépris d'eux-mêmes, qui peut conduire du « Regret d'être né » du philosophe français d'origine roumaine Cioran, ou jusqu'à l'apologie de son propre suicide par l'écrivain français – toujours vivant - Michel Houellebecq, considéré par certains comme le plus grand écrivains français vivant ! Sur ce destin tragique du *« no future »*, le film « Into the wild » du cinéaste américain Sean Penn (voir encadré) est exemplaire, et annonce la tragédie des jeunes européens partis en Syrie, recrutés par Daech.

Le film *« Into the wild »* de Sean Penn raconte l'odyssée tragique et solitaire - sur la base d'une histoire vraie - d'un jeune américain, fêté à la fin de ses études supérieures par sa famille et ses amis sur le campus, et qui « décroche » progressivement, fuit vers le Nord au volant d'un camping-car usagé, quitte volontairement la « civilisation », les villes et toute amitié/amour, puis refuse tout contact avec ses semblables. Il s'enfonce peu à peu dans une errance orgueilleuse, selon le modèle typiquement américain du road movie, au sein d'une « nature » de plus en plus hostile (« wild »). Il finit par se nourrir de plantes comme un animal, et mourir, seul. Terrifiant.

2 - Répéter le présent, en faisant le « gros dos », quand cela va mal, avec quelques variantes « possibles » ; ou même seulement « prolonger les courbes » sans changement. Ce scénario n'est pas très difficile à imaginer. Tout le monde sera d'accord sur cette stratégie zéro, par manque d'imagination, peur d'être contesté et/ou absence de courage.

3 - Copier les autres, en particulier ceux qui ont « réussi », associations, entreprises ou gouvernements, voir quelques « héros » ou « modèles ». C'est la base du *« storytelling »* à la mode, ou comment écrire ou décrire un « grand récit » en proposant « ce qu'il faut faire » demain, inspiré de ce que les autres ont fait en « bien ». C'est ainsi qu'a été conçu le film et le livre de Cyril Dion intitulé « Demain », qui n'est que le résultat en images séduisantes d'un *benchmarking* (ce que font les autres) de recettes déjà expérimentées avec succès et mis en œuvre aujourd'hui (et non « demain »). De même le gouvernement français aime périodiquement affirmer qu'il « faut » « copier » en matière économique, financière, social, fiscal et éducatif, ce que font ou ont fait les gouvernements scandinaves ou canadiens, et souvent même allemands, considérés comme particulièrement « intelligents ». La morale populaire dit : copier n'est pas jouer. Mais s'inspirer des « recettes » des autres n'est pas malsain ni interdit, avant de changer de cap.

4 - Interroger plusieurs responsables et experts ayant résolu le problème posé, après avoir confronté leurs réalisations et leurs explications, puis soumettre à un échantillon représentatif les « bonnes réponses », avant de réaliser une synthèse pour avis critiques etc. Cette méthode, rapide, peu coûteuse mais instructive, dite par les spécialistes la « méthode Delphi « (du nom de son inventeur) est couramment utilisée par les entreprises et peut même l'être par un gouvernement... ou une famille, voir pour définir son propre destin.

5 - Accélérer le rythme de « ce qui est en train de se passer », ou le ralentir, voire tout (ou presque) arrêter, faire une pause ou éliminer les variantes excessives de la « conjoncture » à moyen terme, en les enfermant dans une « carcan » (politique du « serpent ») ou une contrainte (moins de 3% de déficit public), est toujours tentant. On peut aussi manipuler le temps, le rythme ou le tempo d'une politique, voir suspendre ou différer l'application d'une mesure décidée, ou annuler même sa mise en application (cf. « fermer les frontières » par Donald Trump aux USA ou « supprimer l'écotaxe » en France). Ce scénario n'a jamais été une méthode très efficace sur la durée, mais elle peut être momentanément utile pour « résister sans céder » à la pression. Pour un dirigeant être ou paraître le « maître des horloges » est tentant.

6 - Déclarer la guerre, « virer » l'équipe dirigeante (voire un innocent, « mis au placard », qui joue le rôle de fusible) ou – plus simplement - se mettre « En marche ! » (Emmanuel Macron)... sans dire où on va, voir plus modestement « mettre en place un groupe de travail », (pour élaborer une « vision »), nommer un « médiateur » ou embaucher un ou une « prospectiviste » pour recueillir quelques « idées » (cf. le film « Alice et le maire », sur les écrans en 2O20). Ou attendre. C'est toujours possible Les plus malins, pendant ce temps, « pillent » ou « achètent », sans rien inventer, les idées de leurs adversaires ou concurrents, les mesures (ou même les personnalités de l'opposition) qui leur conviennent – en les nommant vice-président, ministre ou équivalent, sans bouger...

7 - Inventer son propre futur en se présentant aux élections ou en créant sa propre entreprise, ce qu'a préconisé le président Obama lors de son discours d'adieu à ses compatriotes. L'entreprise personnelle est un immense succès en France. Un architecte français nommé Roland Castro n'hésita pas à se porter candidat lui-même, sans l'appui d'un parti, à l'élection présidentielle en France. C'est gratuit et il en avait parfaitement le droit. Il n'a fait qu'un maigre score et ne put donc se faire rembourser ses frais.

8 - S'expatrier. Les autorités québécoises, portugaises et marocaines activent le buzz pour attirer les jeunes français et les parisiens font les yeux doux aux condamnés londoniens du Brexit. Les « expatriés » ont maintenant leur propre salon annuel. Et les « Erasmus » se multiplient sur toute la terre.

9 - « Renverser la table ». Certains parient sur le « renversement », le pari du « tout autre », l'adoption d'une altérité radicale, voir la fin du « normal ». Ces scénarios non pas du « pire » - ce qui a toujours existé - mais du « autrement intégral » conquièrent de nouveaux adeptes. Les « insoumis » et autres « révolutionnaires » ont toujours eu du succès en France et les scénarios de science-fiction (livres, BD, films) sont redevenus d'actualité. Notons quelques pistes dans l'actualité récente en France.

Ébauche d'un « nouveau monde »

La prospective en acte

J'ai tenté de pousser les feux d'une « différence », d'un gap, d'une distorsion, ou même d'une inversion délibérée de quelques « tendances lourdes » dans sept domaines peu explorés jusqu'à leurs conséquences ultimes, parce que ces dérives font peur et en même temps sont en train de fasciner l'opinion. Il s'agit de la « prospective en acte », afin de passer de la recherche à l'expérimentation.

- L'amitié traditionnelle disparaît. Elle est remplacée peu à peu par la « fraternité universelle », le « moi tout seul » ou la solitude revendiquée, et la complicité seulement à l'intérieur des « sectes » via le « communautarisme intégral » comme au Liban (cf. l'ouvrage de l'auteur : « L'amitié demain ? », Éditions Kawa, 2015 et le roman du même auteur : « Quatre amis plus une »).

- Les très grandes villes (« métropoles ») dont la région parisienne sont combattues, abandonnées, car polluées, dangereuses, trop chères et réservés à une « gentry » à hauts revenus, boudées par les cadres moyens et les créateurs d'entreprises qui s'installent « à la campagne » en télétravail, les « villes moyennes » étant alors plébiscitées par les familles, les étrangers, les retraités et les « nouveaux » acteurs économiques.
- La déchristianisation des campagnes françaises s'accélère, jusqu'à supprimer de fait le maillage par les « paroisses » du fait de la diminution accélérée du nombre de prêtre.
- L'armée deviendrait exclusivement « professionnelle »... et de plus en plus « pauvre ».
- La politique « démocratique » et élective, telle que nous la connaissons aujourd'hui en Europe, serait peu à peu remplacée par un système technique de télécommandes, sur la base de décisions majoritaires prises par internet, selon un système géré par des « professionnels » d'entreprises privées. Les hommes politiques deviendraient de plus en plus des « acteurs » de storytelling, liés à des « clients – citoyens ».
- La presse papier disparaîtrait ainsi que les livres, les bibliothèques, les éditeurs « papier » et les libraires qui auraient de plus en plus de mal à vivre.
- L'université serait de plus en plus transférée « sur écran » (généralisation du MOOC).
- Les progrès de la médecine seraient tels que les « consultations » de base seraient remplacées par la e-médecine et même par la délivrance puis la livraison de médicaments à domicile.
- Le e-commerce deviendrait exclusif du commerce « en magasin » ; il ne resterait plus que quelques « dépanneurs », face au monstre Amazon et compagnie.
- La conception puis la construction en 3 D deviendrait dominante en architecture et bâtiment.

- La traduction en langue étrangère deviendrait automatique et généralisée ; fin des interprètes et traducteurs.
- La distinction entre les sexes et la « famille » papa/maman/ enfants disparaîtrait ; et la PMA/GPA serait légalisée pour tous et toutes » etc.

10 - On peut aussi – les ingénieurs de toute espèce en sont friands - « modéliser le passé » pour le « projeter » vers le futur. Dangereux. Jacques Attali a publié dans « Peut-on prévoir l'avenir ? » un panorama des modèles quantitatifs disponibles. Pour ma part je crois, pour l'essentiel, aux modèles démographiques, mis au point par l'Institut National d'Études Démographiques (INED) qui font vieillir une population donnée, avec des risques d'erreurs faibles.

6. Interroger les artistes, qui ont parfois raison

En toute contrée, j'ai rencontré des gens déraisonnables, qui eurent parfois raison. En majorité c'étaient des artistes et non des hommes politiques, des savants ou des intellectuels. Ainsi Jean Vilar (1912-1971), qui était d'abord un acteur de théâtre classique, créa à Avignon en 1947 un festival de théâtre qui devint peu à peu, et le reste aujourd'hui - soixante dix ans après, avec quasiment la même organisation et les mêmes règles -, un festival de théâtre de création devenu le premier du monde. De même Maurice Béjart (1927-2007), en matière de danse contemporaine, créa il y a cinquante ans un « art » entièrement neuf, promis à un immense succès. Picasso lui-même disait, dit-on : « Je ne cherche pas. Je trouve ». Est-ce que les artistes ont toujours raison ? En matière littéraire le texte-dessiné pour enfants revient...

Chacun peut comprendre qu'instinctivement tout le monde a peur de l'avenir, particulièrement en ces temps incertains. Les artistes, qui sont familiers du risque et n'ont pas à craindre le ridicule, n'ont jamais peur ; ils sont donc à priori bien placés pour « décaler le regard », faire « un pas de côté », se mettre « en bascule avant », consulter leurs rêves et proposer des avenirs neufs. Il en font profession. Le futur est leur domaine. Ils sont coutumiers de la progression « dans le noir », à l'aveugle, seulement nourris de leur imaginaire. Les artistes sont donc les premiers partenaires des prospectivistes, ces « rêveurs d'avenir ». La preuve par trois :

Anecdotes
La prospective réussie ou la preuve par le réel

Il est des moments et des lieux dans la vie d'un prospectiviste où les choses se dénouent en un moment de « grâce ». Il « sort du noir », il voit clair sur ce qui risque d'advenir, après avoir hésité, travaillé, repris, amendé, rectifié. Il « sait », il « voit » et il « sent » alors confusément que l'avenir d'un homme, d'une ville, d'une idée, d'un roman, d'une élection, d'une « œuvre » est « écrit » ou du moins « réel »; que ce travail qui lui tient tant à cœur - parfois depuis l'enfance - se dévoile brusquement. Il sent que le futur est proche, déjà là, à portée de main ou du regard, qu'il a franchi un pas décisif, qu'il va vers son avenir, que le tableau est presque fini, le concerto achevé, l'architecture exacte, le texte « bouclé » et puissant, sauf à éliminer quelques scories. J'ai ainsi essayé, en matière de « villes », de raconter 52 histoires possibles à long terme dans le monde entier de cités que je connais bien – où j'avais vécu, travaillé - en imaginant pour chacune d'entre elles des « projets urbains » pour le long terme, Le livre est intitulé « Zanzibar. Histoires pour après-demain » (L'Harmattan, 2003), ville de Zanzibar où je n'avais jamais mis les pieds, mais qui existe bel et bien !

A chaque fois que je vais à Lille, j'ai ainsi un sentiment d'orgueil et de plénitude. Il y a 50 ans tout juste, nous les « fous » de l'OREAM, nous avions élaboré un futur qui aujourd'hui est pleinement accompli, dont le symbole est le centre d'affaires Euralille au cœur de la « Métropole du Nord », la « turbine tertiaire » come l'appelait Pierre Mauroy., le tunnel sous la Manche, le TGV Paris-Lille en une heure, la ville nouvelle de Villeneuve d'Ascq et le parc de la Deule. C'est ma première histoire vraie de prospective réussie.

Troisième et dernière histoire : je rêve ou du moins j'espère que le présent essai peut atteindre son but : donner à son lecteur le sentiment, en le parcourant par morceaux, qu'il va peut-être pouvoir briser le « plafond de verre » qui obscurcit sa vie et le condamne à craindre (ou attendre) la mort. Je reste persuadé que contrairement à une légende tenace, le futur n'est pas à deviner, pronostiquer ou même anticiper, mais qu'il est chaque jour à construire, et à neuf. Et que c'est possible. Il nous faut pour cela sortir du « noir » que nos contemporains déversent en rafales chaque jour sur des citoyens hébétés, hagards mais consentants. Nous sommes parmi ceux qui n'ont « même pas peur ». Mais un auteur (de prospective) est seul à écrire son livre et son lecteur - s'il en a un - est également seul. Mon expérience est qu'un livre de prospective n'est jamais – presque toujours - lu en entier (j'ai des preuves).

« L'histoire est un roman vrai. (...) Et dans l'éternité je ne m'ennuierai pas. » Paul Veyne
« L'avenir n'est pas à dire ou écrire. Il est à faire. » Gaston Berger
« L'avenir ne se prévoit pas. Il se prépare. » Maurice Blondel
« L'objet de la prospective est non pas de définir l'avenir probable mais peut-être même d'aller plus loin : tâcher de rendre probable l'avenir souhaitable. » Jacques de Bourbon-Busset, de l'Académie française

De l'utilité des scénarios en temps de crise.

Le prospectiviste n'est ni un intellectuel ni un artiste – mais un peu des deux. Il mélange les deux personnages qu'Albert Camus distinguait : l'artiste (lui) et l'intellectuel (Jean-Paul Sartre), confrontés tous deux au futur et à la mort. Il est alors non celui qui « dit » et « décrit » ce qui va advenir (et ignore ce qu'il va advenir lui-même), mais celui qui pressent, déploie l'éventail des « futurs possibles », les argumentent par effet de « loupe » (zoom avant) ou d'agrandissement (zoom arrière), en relate les « cheminements », note les « ruptures » possibles, mais ne conclue pas. Prédire la catastrophe est plus facile et plus « payant » que d'imaginer l'âge d'or. Tous les journalistes savent ainsi que, pour captiver l'attention du lecteur, leur « papier » ne doit parler que des trains qui n'arrivent pas à l'heure. Sinon à quoi bon ? Ainsi les « déclinistes » et autres tragédiens de la prochaine catastrophe feront toujours les meilleurs tirages de la presse dite populaire.

Je comprends seulement maintenant – je ne suis jamais retourné à Montevideo – que le prospectiviste travaille parfois des années sans « sortir » à l'air libre. Il avance par stop and go, à l'aveugle ou « en crabe », car il ne sait pas ce qui va advenir. Mais, quand il sort en pleine lumière, il « doit », ou devrait, apercevoir plusieurs « possibles ». C'est son risque, même s'il a peur. Et s'il ne « voit » rien, il est inutile et doit s'enfuir. Ainsi tout metteur en scène, architecte, poète, romancier, photographe, peintre ou musicien, sent ou pressent plus ou moins confusément – à un moment donné - que son « œuvre » est « mure » dans sa tête, dans son imaginaire ou du moins structuré en quelques formes, mélodies ou mots et/ou croquis, comme si elle existait déjà. Ainsi le prospectiviste, c'est son orgueil et sa faiblesse constitutives, en sortant du « noir » un matin ou au milieu de la nuit, « sait » – comme intellectuel – et « voit » – comme artiste - que « des » futurs sont possibles, et en tout cas que toute autre scénario est vide de sens. Il est « sûr » en même temps qu'il doute, car il sait – et lui plus qu'un autre - qu'il ne sait pas et ne saura jamais exactement ce qui sera. Ce peut être son œuvre, ou rien. Il ne prévoit pas il rend possible : « L'avenir, tu n'as pas à le prévoir mais à le permettre » écrit Saint- Exupéry dans « Citadelle ».

« Telle est notre vie : nous exercer en désirant. » Saint Augustin
« Fais de ta vie un rêve, et d'un rêve une réalité. » Antoine de Saint-Exupéry
« Je ne suis rien... A par ça je porte en moi tous les rêves du monde. » Fernando Pessoa
« Dieu n'est pas pressé. » Antonio Gaudi
« S'attendre à l'inattendu. » Euripide
« La vie est un roman. » Alain Resnais (titre du film)

CHAPITRE 7

CONCEVOIR LE FUTUR, « BRIQUE PAR BRIQUE »

Dire l'avenir ne coûte rien., mais ne sert pas à grand chose, sauf pour ceux qui gagnent leur vie à pronostiquer ce qui risque d'advenir. Chacun sait qu'il est le plus souvent inventé, et sans grand risque pour l'auteur. Il n'est le plus souvent que mensonges, phantasmes ou « Rêveries solitaires » (Jean-Jacques Rousseau). **De tout temps en effet, en toute civilisation, en tous pays, devins, charlatans et « fous du roi » - dument rétribués pour cette tâche exaltante -, ont dit et écrit, prédit, dessiné et parfois menti aux Princes, qui le plus souvent les protégeaient et les flattaient, peut-être parce qu'ils les amusaient et calmaient leurs angoisses.** François Mitterrand lui-même croyait-il aux « songes » de Jacques Attali et aux « prédictions » d'Élisabeth Tessier ? Peut-être. En tout cas il devait en faire son miel, qu'il corrigeait – comme tous les Princes – par les dires de quelques « visiteurs du soir » bien informés. Ainsi tous les parents gourmandent ou stimulent leur progéniture en leur « prédisant » mille tracas et/ou bonheurs futurs, à moins que..., à condition que... Tous les chrétiens et les communistes étaient jadis encouragés et parfois sommés de « croire » afin de « travailler » à l'avènement de Dieu ou de la « société sans classe », autrement dit de croire au bonheur, au ciel ou sur terre, dès maintenant ou au pire pour leurs descendants. Vieille antenne des « dictateurs » de la pensée, des prophètes et des charlatans... et des hommes politiques

Mais aujourd'hui, « Que faire » comme aurait dit Lénine ? Notre proposition, dans ce chapitre, n'est pas de proposer au lecteur un « traité de prospective », de lui donner une check list de « choses à faire » ou de lui dire comment « raconter des histoires de futur» en faisant croire à leurs interlocuteurs que l'avenir est « ouvert à tous les possibles », ce qui n'engage à rien mais fait plaisir à peu de frais, mais de les aider « brique » par « brique » à construire eux-mêmes, avec persévérance, méthode et ténacité, l'édifice du futur, le leur et celui du monde, et les deux en même temps. Au travail !

1. Première brique : vous-même

On ne s'improvise pas prospectiviste. On le « devient ». Il y faut de la patience, de l'énergie, un peu de culot, une immense culture et beaucoup de travail. A la base, tous les prospectivistes sont d'éternels ras de bibliothèques et des fanatiques de cinéma. Ils sont persuadés de plus, ce qui n'est que rarement le cas des « professeurs » (d'université), qu'ils ne savent pas grand chose de sûr, de fondé et prouvé, surtout quand il s'agit de l'objet de leur étonnant « travail » à l'aveugle: le futur. Par contre, s'ils sont moqués, tous se moquent bien de ne pas trouver grand chose, car ce sont tous – par nature – des chercheurs, des rebelles, en tout cas de vrais inquiets des temps à venir. Ils ne sont donc pas « à la recherche du temps perdu (ou retrouvé)», dirait Marcel Proust, puisqu'ils ne regardent jamais en arrière, sauf pour se relire. Ce sont des actifs de la pensée de l'avant-garde ; ils n'ont même pas peur de ce qui vient. Ils sont bien décidés non à l'imaginer (c'est le rôle des artistes) mais à le construire. Mes amis Jacques Poulet-Mathis et Guy Loinger, étaient comme ça, impétueux autant que surs d'eux, passionnés et cependant tenaces. Ils ont donné à tous et à moi le « goût de l'avenir ».

Il faut, au départ, quelque inquiétude pour ce qui pourrait advenir, au moins pour soi. Ainsi un confrère prospectiviste a été jusqu'au bout de cette quête – et même a le projet de « vendre » à des « patients », inquiets de leur avenir, un travail d'introspection sur leur propre destin, à l'égal d'un coach ou d'un psychanalyste – en développant une sorte d'« égo-prospective », autrement dit de prospective de soi. Pourquoi pas ? La question serait : qui suis-je et surtout où vais-je ? Quels sont mes avenirs possibles ? Le philosophe, helléniste et sinologue François Jullien consacre ainsi un livre entier à cette quête de soi, en l'intitulant – c'est le « bandeau » de l'éditeur – « Comment véritablement exister ». Le titre du livre, plus explicite encore, est « Une seconde vie » (Bernard Grasset, 2017). Qui ne rêve de rebondir au cours de sa propre vie, de la « recommencer » sur de nouvelles bases, en la « décalant lentement d'elle-même » comme l'écrit François

Jullien ; et ainsi, après une rupture affective ou professionnelle, le décès d'un proche ou un pépin personnel, un accident de parcours, un échec, une « rupture », se choisir « une seconde vie » comme dit l'auteur ? Cela fait rêver...

Mais pour effectuer « la course en solitaire» en prospective, il est nécessaire – c'est une prudence élémentaire – de maitriser au moins une discipline, de science dure ou molle, afin d'échapper aux « bavardages » et aux moqueries des gens sérieux, si nombreux en cette matière délicate. La prospective, inter-discipline neuve et féconde, mais qui doit être bâtie sur un socle d'autant plus solide que cette discipline est fragile par essence. A défaut le prospectiviste est un bavard aux yeux bandés, qui parle et parfois écrit ce que pensent « les autres » qui à leur tour ajoutent un commentaire de leur cru.

Très vite le prospectiviste s'apercevra qu'il est seul ou presque, car la discipline n'a guère de concurrent, de « professeur » attitré et encore moins de doctorant-chercheur pour le critiquer, le stimuler ou le contredire. Alors il est libre, mais face à un immense continent vide, celui de l'avenir. Et le soir venu, sa famille et ses amis lui diront : « Mais qu'est-ce que tu cherches ? Quel désir et quelle ambition te poussent à donner forme à ce qui n'existe pas, mais adviendra de toute façon ? ».

2. Deuxième brique : votre « équipe »

Tout prospectiviste est un inquiet, qui discute sans fin avec ses confrères (comme pour se rassurer ?), avec ceux du moins qui comme lui ne savent pas grand chose de l'avenir, mais que « ça » intéresse et dispose de quelques compétences. La prospective, contrairement à la prévision, est une discipline intellectuelle qui s'élabore collectivement et démocratiquement, car tous les impatients de l'avenir savent qu'aucun d'entre eux ne peut avoir raison et encore moins seul. Ils ne tolèrent donc pas les prétentions de « ceux qui savent ». De plus seul le mélange des disciplines est riche de possibles, car chacun apprend de l'autre, étant lui-même

- il le sait - aveugle et sourd. **La science du futur ne peut être que le produit d'une maïeutique interdisciplinaire, savante et collective.**

Mais, dans les équipes interdisciplinaires par obligation (mixte toujours, avec des mélanges hommes/femmes, jeunes/ vieux et français/étrangers), certaines spécialités intellectuelles sont d'expérience nocives ou inutiles et d'autres au contraire solides et fécondes :

- les historiens et géographes sont généralement à la peine – même les historiens dits « du temps long » comme disait Braudel -, comme les juristes de formation (qui ne savent que « l'état du droit »), ne sont guère inventifs et détestent la « transgression » qu'impose la prospective, et les avocats ou notaires, et même les journalistes (qui ne connaissent que « l'histoire immédiate », selon la belle expression de Jean Lacouture). Par contre les géopoliticiens adorent jouer les « explorateurs des temps à venir », d'autant qu'il prouvent leur savoir par des images/ cartes très parlantes et maintenant modifiables d'un simple « clic ». Les meilleurs sont les géo-politologues, familiers de *blitzkrieg* et de « frontières » incertaines.
- les hommes d'affaire, professionnels de la finance ou de l'administration sont rarissimes en prospective. Je ne connais aucun commerçant, avocat d'affaire ou banquier qui s'intéresse de près ou de loin à la prospective, sauf – naturellement - s'il y trouve son intérêt et qu'il peut « faire de la marge ». Il lui faudrait des « preuves », naturellement inexistantes par définition, sauf à posteriori. Mais les meilleurs d'entre eux savent leur « science » de l'économie incertaine et aléatoire, ce qui leur apprend la modestie.
- les ingénieurs raisonnent en raison. Ils ne sont donc point créatifs par nature, et encore moins imaginatifs. C'est pour cette raison que par exemple les ingénieurs des Ponts vénèrent les architectes qui mettent en image leurs rêves de grandeur, en leur permettant de se prendre pour Vauban ou Hausmann. En règle générale un ingénieur n'a pas de doute : il sait et fait, ici et maintenant. C'est une machine à résoudre des « problèmes »,

et même à en inventer s'il n'y en a pas. Et plus «c'est compliqué», plus il est fier de son «savoir». Au mieux c'est un adepte de la «prévision», donc un piètre prospectiviste, même quand il pense le contraire. Ainsi M. Jean-Bernard Lévy, X et Télécom, président d'EDF, n'est pas probablement accessible au doute; il est persuadé que son entreprise est la meilleure du monde et qu'il est le meilleur «écolo» de France. Faire de la prospective à EDF serait une faiblesse, pire une faute grave, car «il n'y a pas de plan B». Les responsables des catastrophes de Tchernobyl et de Fukushima sont pour lui des incompétents, qui ne sont pas des ingénieurs d'EDF, sans compter lui-même.

- les urbanistes sont plus à l'aise dans l'anticipation. Une ville évoluant lentement, ils travaillent sur le temps long, à la marge quand il s'agit d'une ville existante et sur au moins dix ans pour une ville nouvelle. Ainsi des «villes nouvelles» comme Évry en France, Nouakchott en Mauritanie ou Chandigarh en Inde ne sont toujours pas achevées, et ne le seront probablement jamais. Un urbaniste compte en siècle et en milliard de dollars, alors qu'un architecte compte en mois et en milliers de dollars pour un bâtiment.

Anecdote

Les X

Les polytechniciens – je les connais bien (mon père était « X promo 33 ») et j'ai travaillé avec beaucoup d'entre eux - ont du mal à se projeter dans le futur. Ils ne savent pas mentir, inventer, raconter une histoire, qui peut être sans raison aucune mais pas sans intérêt. Car il leur est difficile de raisonner sur une chose qui est « déraisonnable », mais peut-être « vraie ». En tout cas ils ne doutent jamais, et encore moins d'eux-mêmes. C'est pourquoi ils accordent peu de crédit (méprisent ?) les hommes politiques et les journalistes qui « mentent ». Ils se pensent et sont surtout considérés comme « logiques » et omniscients, donc « magiques » - comme disent les enfants – mais « au dessus », « ailleurs », en survol, car ils savent raisonner sur tout, à l'endroit et à l'envers, même avec des nombres « imaginaires » ; mais ils ne peuvent pas imaginer le monde qui vient, se projeter, rêver, concevoir ce

qui n'existe pas encore et donc leur échappera toujours, ce qui les irrite. C'est la raison pour laquelle ils sont souvent fascinés par les romanciers et les artistes, ce qu'ils ne sont pas. Ils ont du mal surtout à transformer le réel en souhaitable quand il lui résiste, ce qui est plutôt le job des Centraliens et des HEC, qui sont généralement de bons managers, soucieux de la rentabilité de l'investissement. Un X est comme un ENA, un homme de logique, d'ordre et de mesure, jamais excessif ou imaginatif. Il comprend avec sa tête et ordonne le « vrai », qui est selon lui unique, puisque c'est « la » vérité. Un ENA applique la loi. Mais dans le futur il n'y en a pas !
Le seuls X, experts en prospective, que j'ai bien connus étaient Pierre Schaeffer, musicien (déjà nommé) et Louis Mermillod, poète. En matière d'urbanisme, j'ai travaillé avec Paul Ollivier, Directeur de l'OREAM de Lyon, puis architecte.
Les membres de la « noblesse d'État (X, ENA), selon l'expression de Pierre Bourdieu, n'ont pas ou peu – et s'en flattent – d'imagination, et encore moins d'idéologie, ce qui est préférable pour ces hommes – presque jamais des femmes – qui ont choisi et ont été choisis pour servir l'État. Le drame vient de ce qu'il n'ont que rarement des idées... en tout cas pas sur l'avenir souhaitable et possible, ce qui est plus grave. Ils n'ont que rarement le sens de l'humour, par rapport à eux en tout cas ! De plus ils n'arrivent pas à imaginer qu'un économiste ou un sociologue (ou même un financier ce qui est encore plus grave) puisse être plus « compétent » qu'eux.

- Les économistes sont nombreux en prospective (dont Michel Godet et son successeur Philippe Durance), tout autant que les sociologues et politologues (Guy Loinger avaient la double compétence), peut-être parce qu'ils savent les uns et les autres que « tout bouge » dans ces sciences « molles » et récentes, sans guère de « lois » ni de prédiction sûre, ni même de preuves. Ils savent d'expérience que les « experts » patentés se sont souvent trompés sur des conjectures incertaines, et que leur savoir est fragile et contesté de tous côtés. Ils ont donc appris, par force, la modestie. Mais ils rêvent de trouver la martingale gagnante pour conseiller utilement le Prince. Ils écrivent peu, parlent d'abondance puis se retirent. Ce ne sont pas généralement des « managers ».

- Les meilleurs prospectivistes sont parfois des philosophes de formation, peut-être parce que les meilleurs d'entre eux – par essence - doutent, et que s'interroger est même le b.a.-ba de leur discipline. Gaston Berger était philosophe, comme Ivan Illich, Paul Ricœur (et son « assistant » Emmanuel Macron, qui lui ne doute de rien et encore moins de son avenir), Emmanuel Mounier, Bernard-Henri Lévy, Edgar Morin, Michel Onfray, Régis Debray, le directeur de la rédaction de la revue « Esprit » Olivier Mongin et l'ancien directeur de la revue « Urbanisme » Thierry Paquot.
- Les plus réfractaires à la pensée prospective sont les préfets, et tous les professionnels du droit, comme les avocats, les magistrats et les notaires. En effet par formation, par métier et par culture ils sont nourris de droit et d'histoire, responsables d'abord d'incarner l'autorité de l'État, et surtout d'appliquer la « règle ». Les préfets en particulier ont pour mission première de faire respecter la loi de la République, ici et maintenant, et pas de faire « rêver » nos compatriotes à des futurs possibles. Leur peur panique est un nouveau « Mai 68 ». Enfin ils ignorent le plus souvent les élus locaux, qu'ils sont chargés de contenir et modérer dans leurs projets parfois utopiques, surtout quand ils ne sont pas conformes aux volontés du gouvernement en place.
- Les scientifiques des sciences « dures » ont du mal avec la prospective, parce qu'ils ne peuvent pas raisonner sur des faits, des chiffres, donc des preuves, appliquer ou concevoir des « lois » ou des « modèles ». Généralement ils s'abstiennent de « penser » le futur, étant seulement préoccupés de résonner sur le futur, ce qui est le plus souvent impossible, faute de données, de preuves et de modèles quantitatifs. Ils peuvent seulement bâtir un « projet » ou un « plan », et le réaliser conformément au « plan ». Les fanatiques de l'Intelligence Artificielle (IA), qui sont tous des scientifiques, croient dur comme fer que l'avenir obéit à des « modèles quantitatifs », issus de données qu'ils collectent et « projettent » sans surprise ni doute d'aucune sorte. Ce sont des mystificateurs.

> *« La science nous a beaucoup appris sur notre passé. Pourra-t-elle, un jour, sur notre avenir le plus lointain, sur notre destin après la mort, nous en apprendre un peu plus ? La réponse est non (...) Ne nous faisons pas d'illusion (...) Pour tout ce qui nous importe le plus, plus peut-être que l'amour (...), en un mot sur ce qui se passe après la mort et sur notre destin d'éternité, la science, ailleurs si puissante, se révèle impuissante. »*
> Jean d'Ormesson, « Un hosanna sans fin », 2018

- Ne parlons pas des historiens qui pensent que l'histoire se répète toujours, certes avec quelques variantes. D'ailleurs plus la période qu'ils connaissent le mieux est ancienne plus leur pensée du futur est déterministe, au contraire des journalistes de l'« histoire immédiate » comme Jean Lacouture et Jean-Claude Guillebaud, qui savent d'expérience que les dés roulent vite et parfois autrement que prévu. De plus les historiens de périodes lointaines ou de régions éloignées de la « civilisation » étant dépourvus de « traces », données, textes anciens, cartes, archives et bibliothèques savantes sur « ce qui n'existe pas encore », ils restent cois et muets. Mais comme nous l'avons vu, ils sont néanmoins puissants, écoutés et influents dans les médias, l'édition et à l'Université. Ils ne regardent l'avenir que dans un rétroviseur, persuadés – à tort naturellement – que l'histoire se répète.
- Paradoxalement, et contrairement à l'opinion commune, les militaires haut gradés (officiers d'état major, de préférence sortis de l'École de Guerre) sont des passionnés de prospective, car ils doivent – parce qu'ils aiment gagner la guerre, ce qui est leur job en notre nom à tous – la prévoir, chez « les autres » (tous les autres) comme « chez nous », et sous toutes les formes imaginables. De plus ils savent, ce qu'ignorent généralement les « fonctionnaires », distinguer la prospective de la stratégie, et la stratégie de la tactique et même la prospective de la prévision, et en tout cas la prospective de la décision.

- De plus, mais le mélange avec les militaires qui précèdent est délicat, il faut naturellement dans toutes les équipes de prospective des artistes, de préférence d'arts visuels (peinture, BD, cinéma, photographie, architecte, réalisateur vidéo) ou graphiques (designers, paysagistes) capables d'imaginer et surtout « représenter » le futur. En ce domaine les technologies 3D sont prometteuses, permettant de représenter et modifier en temps réel un « espace », objet, monument, ville ou paysage (cf. l'exposition « Cités millénaires. Voyage virtuel de Palmyre à Mossoul », Institut du Monde Arabe, 2018/2019)
- Les hommes politiques enfin et les dirigeants d'entreprise en général se méfient de la prospective et n'y ont guère recours. Leur « vision » personnelle leur tient lieu de certitude. En effet, dans ce job éminemment fragile, ils préfèrent les « projets » concrets – que leur apportent les « services » et les « experts » -, et font confiance à leur expérience personnelle, si ce n'est à leur « flair » ou leur intuition. Le plus souvent ils sont seuls, mais ne le disent jamais. Au plus haut niveau, le secret sur l'avenir à « conduire » pour leur entreprise privée comme publique est total. J'ai par exemple le sentiment que Clovis, Alexandre, Christophe Colomb, Napoléon, Charles de Gaulle, Ho Chi Minh, Staline, Castro, Nasser, François Mitterrand, Emmanuel Macron, Poutine, Assad ou Erdogan, Mondi et Xi Jinping n'écoutent qu'eux-mêmes (lire à ce propos l'article de l'auteur dans « Futuribles » de 2010, intitulé « Prospective et politique ou ce que les hommes politiques m'ont appris en matière de prospective »).

Ce sont des autocrates de la pensée du futur, même s'ils se nourrissent naturellement de tout et de tous. Dans les entreprises ils se font payés très chers pour détenir seuls la « vision » de ce qu'il faut décider. Un conseil d'administration ou un Conseil des ministres n'est pas une instance de dialogue et de débat. C'est le lieu d'un combat, parfois à mort, dont le seul outil – des mots - est la parole ou la signature en bas d'un texte bref. Plus on monte dans l'échelle du pouvoir, plus le « patron » est sûr d'avoir raison. Ainsi jadis Fidel Castro ou Lénine, Carlos Goshn aujourd'hui, et les patrons de Facebook ou Google, savent ce que sera demain matin. Charles de Gaulle a-t-il douté de son avenir et de celui de son pays en 1940 au micro de la BBC ?

Enfin et surtout les équipes de prospective (temporaires ou - pour les grandes villes et les groupes privés – permanentes) sont le plus souvent de petite taille : 20 maximum, la taille de la direction de la prospective de Bouygues Construction, de Peugeot ou du groupe Safran, du service d'Analyse et de Prévision du ministère des Affaires Étrangères, jadis du « Collège de Prospective » de la Région Poitou-Charentes du temps de Jean-Pierre Raffarin, de l'Agence d'urbanisme de Lyon en 1983-1985, ou de l'OREAM Nord en 1966-1970, appuyés par quelques « experts » extérieurs. L'idéal est de créer et surtout de renouveler fréquemment l'équipe, avec un mélange nécessaire hommes/femmes, jeunes/seniors, parisiens/provinciaux, français /étrangers et une forte rotation nécessaire des personnes.
Le prospectiviste doit être périodiquement renvoyé au « terrain », à son université, à son pays d'origine, à son « corps », à son « amphi » ou à son « labo ». Il enseigne, dirige, décide, réfléchit, débat, voyage, écoute, discute sans cesse et surtout doute. C'est un itinérant, un curieux, un artiste et un ras de bibliothèque, en même temps un intellectuel autant qu'un scientifique, qui est toujours à l'« avant garde ». Donc il doute, parce qu'il sait qu'il ne sait pas, mais essaye et conseille d'expérimenter. C'est donc un modeste...ou un « fou ». La prospective n'est pas en effet un « long fleuve tranquille », où l'on peut « faire carrière », même si l'on est, comme Thierry Gaudin, Ingénieur Général des Mines, ou comme Hugues de Jouvenel, héritier d'une lignée prestigieuse d'intellectuels français. Tous mes confrères, dont le regretté Guy Loinger, sont des impatients, hyper mobiles – au moins dans leur tête – et le restent, par nécessité, avant de se faire doubler par de plus jeunes.

Mais attention : **la prospective peut être à l'origine – par une trop longue pratique – d'une forme d'addiction légère :** accoutumance à l'irréalité, défaut fréquent d'orgueil - à force de « se penser en avant des autres » -, « douce folie » due à une pratique assidue du rêve ou prétention, classique dérive de tous les gourous auto-proclamés. De plus les prospectivistes

sont tentés de former entre eux une sorte de « secte », refermée sur elle–même, jargonnant avec délice et craignant ou méprisant tous ceux qui ne sont pas de la « famille ». Mais surtout ils croient, par la force de l'habitude, à leurs scénarios ou même - cela est plus grave - prétendent être crus par les naïfs ou des « ignorants du futur », sommés de les croire. Il leur faut donc faire retour périodiquement – pour apprendre l'humilité - sur leurs prédictions passées et parfois erronées.
Enfin les pires en matière de prospective sont... les prophètes assermentés et reconnus, comme le sont tous ceux qui aujourd'hui remplissent des livres et nourrissent les gazettes sur la « fatalité », la « peur du futur ».... la maladie et la mort, la montée irréversible et inexorable des eaux, la dégradation du climat, la guerre dès demain, l'apocalypse pour après-demain ou même... « très vite »...

3. Troisième brique : l'envie d'avenir

Contrairement à l'opinion commune, **la pensée du futur exige de l'acteur/auteur une qualité peu répandue : le désir, l'envie, la volonté d'avancer, d'aller au delà, de progresser en transgressant, de lâcher la bride, de foncer « dans le noir »,** seul parfois et « moi devant ». Tous les dirigeants croient, souvent très jeunes, en leur destin, en leur capacité à saisir les occasions favorables pour « faire bouger les lignes », progresser pas à pas ou par bonds, en refusant toujours de revenir en arrière. C'est le cas de tous les grands dirigeants et naturellement – mais c'est plus connu - de tous les responsables politiques (voir encadré).

L'ivresse du destin
« Vous êtes le changement que vous souhaitez voir dans le monde. » Mahatma Gandhi
« J'ai toujours pensé que je serais un jour à la tête de l'État. » Charles de Gaulle
« Enfant je me voyais homme de pouvoir. Déjà je pensais que rien ne pouvait résister à ma volonté. » François Mitterrand

Cependant tous ceux qui ont goûté à la « drogue dure » de la prospective avouent qu'ils n'ont pas toujours, dans cet effort et parfois par leur enthousiasme même, été suivis par leurs entourages, voire par leurs conseils d'administration dans les entreprises ou par leurs conseils municipaux dans les villes. Pourquoi ? Manque de leadership ? Stratégie trop risquée ? Maque de convictions ? Lâchage des collaborateurs ? Obstacles non prévues ? Certains, en politique comme dans les affaires, ont parfois piteusement échoués, même s'ils avaient vu juste, et parfois avant tout le monde. Le prospectiviste voit loin, parfois même au delà du réel possible, ce qui est imprudent.

« L'homme d'esprit voit loin dans l'immensité des possibles ; le sot ne voit guère de possible que ce qui est. C'est là peut-être ce qui rend l'un pusillanime et l'autre téméraire. » Denis Diderot, 1713-1784
« Il est toujours sage de regarder en avant, mais il est difficile de regarder plus loin qu'on ne peut voir. »
Winston Churchill, Prix Nobel, 1874-1965
« On ne devrait pas rêver l'impossible. »
Leonard de Vinci, 1452-1519

Par conséquent, par sa posture intellectuelle, le prospectiviste est souvent seul, mais rarement amer et désenchanté. Car il est en déséquilibre avant, mais jamais détaché du présent, qu'il n'est pas en charge de transformer. Il est ni pessimiste ni optimiste. C'est un chercheur, gouverné par l'envie de savoir quels sont les futurs souhaitables, non pour lui mais pour d'autres, qui en ont le souci, la curiosité ou l'obligation. Il craint seulement que le futur ne le dévore ou l'aveugle. Mais c'est par nature un incertain permanent, puisque sa « science » ne lui offre que rarement quelques satisfactions, sauf à terme. D'où une nouvelle source d'impatience.

Anecdotes

J'ai eu la satisfaction d'apprendre par la presse de l'été 2018 que certains de mes « dires d'avenir », consignés pour 52 villes dans mon livre « Zanzibar », livre daté de 2011 mais écrit en 2008, se réalisent de fait peu à peu dix années après. Cela fait plaisir et me confortent dans l'idée que la prospective est utile.

Ainsi les Japonais sont en train de construire le long de leurs rivages (il était temps !) un mur de béton de 15 mètres de haut sur 450 kilomètres de côte au nord-est de la péninsule, le port de New York a depuis longtemps « enveloppé » Manhattan d'un mur de palplanches en acier, la république de Malte a enfin été contrainte d'accueillir un millier de réfugiés de l'Aquarius sur l'insistance de la France et les responsables de l'ex- « comptoir français » de Pondichéry (Inde) organise un rassemblement mondial francophone, promouvant ainsi la langue et la culture françaises en Inde. J'ai noté aussi que la ville de Roubaix vendait à perte son patrimoine immobilier, au prix de un euro par maison, accentuant ainsi la « braderie urbaine» comme solution « miracle » à la « crise » économique de cette ville, dont tous les employeurs de la vente par correspondance se sont un à un retirés, cette politique symbolisant ainsi ce que pour les villes en perdition j'ai appelé un « vide grenier urbain », bientôt intégral. Par contre, comme prévu, la Patagonie est en plein boom. Ainsi la ville de San Martin de Los Andes (Argentine) - où résidèrent à l'étape Antoine de Saint Exupéry en 1923 en escale aérienne et Che Guevara à moto en 1951 - est devenue depuis notre passage en 1972 – donc il y a 46 ans ! - une destination touristique internationale de grand luxe, en particulier dans l'estancia de Miguel de Larminat, au lieu dit « Cerro de los pinos » à Tipiliuke.

- Mais hélas, et c'est le plus grave, il est avéré – ceux qui ont été sur place l'on vérifié - que le plano piloto de Brasilia de Costa et Niemeyer est peu à peu grignoté par des constructions parasites sans grâce C'est donc le « scénario deux » (le pire !) qui a été engagé de façon irréversible (« bourrage » du site), rendant la capitale du Brésil, encore admirable il y a dix ans, désormais envahie par le désordre de « tours » sans grâce.

Je ne m'étais donc pas vraiment trompé... Voici donc la preuve, par ces quelques exemples, que les prospectivistes ont parfois raison. Et je parie enfin que ma prédiction d'un enfant conçu sur la lune (épilogue du livre), à l'occasion du voyage de noces de ses parents – et nommé de ce fait « moon » -, *sera prochainement un fait avéré, les « vols habités » vers la lune devant prendre prochainement un nouvel essor commercial.*

Derniers exploits possibles, racontés dans le livre : ouvrir au tourisme la Libye, l'Éthiopie, Malte, l'Uruguay et l'Afghanistan, pays que je connais bien et qui ne sont pas encore menacés par le sur-tourisme.

4. Quatrième brique : la stratégie

Avec une forte conviction personnelle, la constitution d'une équipe professionnelle et l'« envie » irrépressible de bousculer l'avenir, la conviction en tout cas qu'il faut constamment « voir loin, penser profond, prendre des risques » (Gaston Berger), les commentateurs diront qu'il faut y ajouter le talent, le courage et la chance. Ainsi certains savent comment rentrer « en force » dans le futur, construire un scénario gagnant, franchir un seuil, briser des tabous, émerger ou faire émerger chez d'autres le « goût de l'avenir », mais ne savent pas mettre en œuvre un projet, le construire « brique par brique ». Cela s'appelle **« la stratégie », c'est à dire la capacité de rassembler les moyens pour atteindre une fin, ce qui est au delà de la prospective et demande une « intelligence », des références, des compétences et une méthode totalement différentes**. Faire n'est pas concevoir, car la stratégie exige de conduire une action qui a pour but non de comprendre et imaginer, mais **de réussir à transformer le réel, avec des moyens par définition limités et temporaires**.

Tous ceux qui ont couru l'aventure de quelque exploit méconnu répètent la même antienne, comme pour la préparation d'une expédition à l'Himalaya, la création d'une *« start-up »*, le tournage d'un film de fiction, la création d'un « ville nouvelle », le lancement de sa candidature à l'Élysée ou la construction d'une ONG, l'écriture d'un nouveau livre (comme celui-ci), la traversée de l'Atlantique à la voile, etc. Il faut nécessairement, comme pour une « nouvelle » littéraire, procéder d'après nous selon un rythme quinaire, soit en cinq temps :

1. ne plus penser qu'à « ça », quitte à sacrifier progressivement tout le reste, s'il le faut, éventuellement pendant de longues années et sans jamais se décourager

2. préparer soigneusement l'indispensable et même le superflu, consulter prédécesseurs et concurrents, recueillir parrainages et sponsors, rassembler les moyens techniques et financiers nécessaires, et prévenir « les médias »

3. fixer date, lieu et modalités de l'événement déclencheur de l'« action » et le concevoir comme un spectacle unique, et sans retour

4 gérer « en course » et au plus juste : retards, contretemps, tempêtes et accidents inévitables, totalement imprévus parce qu'imprévisibles, durant la « traversée »

5. sonner la charge, une fois l'exploit accompli, par une « chute », un évènement, un « discours », une « image » professionnellement orchestrée.

Conduire l'action n'est pas « penser le futur ». Tous ceux qui ont tenté de confondre les deux exercices intellectuels et professionnels se sont le plus souvent fracassés ! Thomas Coville en décembre 2016 a battu le record du monde du tour de la terre en solitaire en bateau à voile en 49 jours 3 heures 7 minutes et 38 secondes. C'était sa quatrième tentative. Il avait 35 transatlantiques à son actif.

5. Cinquième brique : l'expérience des autres

L'expérience des autres est en certaines circonstances de bon conseil, mais offre aussi parfois de piteux « modèles », qu'il vaut mieux examiner de près (ou même refuser), avant de les transférer sans précaution. Ainsi nombreux furent hommes politiques, moralistes et philosophes qui crurent – ou firent semblant de croire, parce que c'était crédible (ou facile à imiter) – que les temps à venir pourraient « renouveler » les réussites passées, ailleurs dans le monde, en transférant les méthodes qui avaient « réussies » dans un autre pays. En l'espèce le gouvernement français fut durablement hypnotisé depuis dix ans par la « réussite » de l'Allemagne, du Canada et des pays scandinaves. Par contre il est clair qu'en matière de prospective les travaux d'autres pays sont éclairants et riches d'expériences. La revue « Futuribles » avaient ainsi publié en 2015-2016 la synthèse fort instructive des travaux réalisés dans plusieurs pays très en pointe, dont le Québec.(voir plus haut). A noter également le travail mené depuis plusieurs années par l'équipe de prospective de l'Unesco pilotée par Riel Miller pour rassembler les travaux de prospective réalisés par de très nombreux pays dit du Sud, parfois sans grands moyens financiers.

6. Sixième brique : la science

La science est-elle utile à la prospective ? La question est en débat depuis que la prospective est reconnue comme étant une discipline intellectuelle que l'on peut prendre au sérieux. Les scientifiques des *« future studies »* sont partagés en deux camps :

- Les prévisionnistes sont persuadés que pour l'essentiel l'avenir peut être prévu, même à long terme, mais seulement dans des domaines stables dans les temps futurs (autant qu'il est possible de le savoir aujourd'hui) et très bien connus depuis longtemps dans le passé, à condition aussi que l'on dispose d'indicateurs chiffrés rétrospectifs et modélisables. Cela signifie qu'il faut que ces quatre conditions soient remplies pour que les prévisions soient fiables et solides. Pour l'essentiel les domaines référencés sont : la démographie (connue depuis des siècles, car cette science permet de compter les hommes et leurs revenus, et donc de prévoir le nombre des « bouches à nourrir », les soldats, les esclaves, les électeurs, les chevaux et les bateaux, et surtout les recettes nécessaires pour faire la guerre, construire les villes etc.), les sols et ce qui le constitue (pédologie) ou le transforme (culture et arboriculture), l'eau, l'air et les mers. Dans d'autres domaines scientifiques le débat est depuis toujours intense et mondial : le climat et les planètes, l'énergie, le corps humain et la médecine, la diplomatie et la guerre, l'économie et l'argent. En particulier le sujet du changement climatique est d'actualité, public et politique au plus haut niveau (voir les livres d'Hubert Reeves). L'essentiel de ces techniques, le plus souvent quantitatives (mais peut-on quantifier ce qui n'existe pas ?) est présenté par Jacques Attali dans son lire « Peut-on prévoir l'avenir ? » (Julliard, 2017), question à laquelle l'auteur réponds naturellement – à mon sens de façon peu scrupuleuse – positivement, et dans tous les cas ?

- D'autres sont plus critiques et pensent que l'avenir est de moins en moins prévisible, et que de plus il n'est pas « modélisable » - parce qu'il est pour l'essentiel non « quantifiable » - ou mesuré au moyen d'indicateurs dépourvus de sens, non représentatifs ou non fiables. C'est le cas en particulier en politique, économie, urbanisme et sociologie, et encore plus dans les domaines de l'art, de la politique et de la communication.. Par contre les spécialistes des sciences « dures » (physique, chimie, biologie, médecine, biodiversité) sont plus assurés de la « solidité » de leurs prévisions.

Anecdote

Le présent, obsession des politiques

Dans sa lettre de démission du gouvernement, le ministre de « La transition écologique et solidaire » Nicolas Hulot, le mardi 28 aout 2018, écrit : *« Je crains qu'ici et ailleurs, nous nous entêtions à sacrifier l'avenir au présent. »*

Mis à part ces travaux et débats scientifiques, accessibles uniquement aux spécialistes et pour l'essentiel contenus dans des textes en anglais, la littérature prospective (et donc pas seulement « prédictive ») devient abondante en français et fait même l'objet depuis quelques années d'un engouement public, dont il faut se réjouir. Ce livre en est le signe.

Anecdote

Le rôle de la science et de l'art en prospective

« Le poète et le scientifique se rejoignent dans leur façon de réinventer un regard sur les choses, de convoquer leur imagination (...°Ce qui rapproche l'artiste et le scientifique c'est une part de folie (...) c'est sans doute cette capacité à saisir ce qui est au delà de « l'image », à rechercher l'invisible derrière le visible. Une sorte de traversée du miroir. »

François Peyret, metteur en scène, et Alain Prochiant, neurobiologiste, in *« Le Monde »* du 13 juin 2018

7. Septième brique : la liberté et l'art

Le futur n'est la propriété de personne, n'est réglementé par aucune loi ou organisation, n'est encombré par aucun obstacle ni « autorisé » par quelque expert ou professeur que ce soit. Il n'appartient qu'à celui qui prend le risque de s'y aventurer, avec sa seule mémoire, comme le personnage de Travis dans « Paris Texas » qui marche dans le désert ou le héros qui revient de la mort dans « Amour, amour » d'Alain Resnais. Car il est vierge de toute trace humaine, de tout obstacle, frontière ou douanier, de toute musique, de tout souvenir. Il est exempté de toute contrainte, modèle ou panneau indicateur. Celui qui pénètre dans cet océan d'incertitude sait qu'il peut ne pas revenir. Il est donc réduit à marcher, avancer, tant que le soleil est haut dans le ciel. Il n'est pas immortel, et le sait. Mais très vite il ne peut revenir en arrière et sait donc qu'il mourra, quand les temps seront accomplis. En attendant il sait seulement qu'il est libre. Mais l'est-il vraiment, sans patrie, sans but et sans mémoire, comme il le dit ? Seuls les artistes sont des gourmands insatiables du futur. Ils n'en ont jamais peur.

Anecdote

En tout pays, j'ai toujours été frappé par le fait que ceux qui « voyaient loin », et sans trembler parce qu'ils ne pensaient qu'à l'avenir de leur œuvre, étaient non les intellectuels et les savants, mais des artistes, en tout cas des familiers de l'extraordinaire.

Et ceci parce qu'ils étaient libres, et jamais soumis aux puissants du moment et du lieu, au service de personnes, sauf d'eux-mêmes, angoisse, solitude et douleur inclus. J'ai ainsi tenu le plus grand compte de leurs avis et recommandations personnelles. Ils détestent les « débats », parce qu'ils sont libres, inventifs et affamés d'absolu. Ainsi, pour moi en tout cas, Camus – l'artiste – aura toujours raison contre Sartre - l'intellectuel. Car je crois à la puissance des rêves et craint la sécheresse de l'intelligence.

Le prospectiviste doit accepter d'être un inquiet, un chercheur des « signes annonciateurs », un sensible à ce qui est « entrain de se passer » en tous domaines, sans être désespéré et sans attendre que l'orage passe, celui qui suit le calme plat comme celui des catastrophes. Car il est à l'avant garde, attentif aux « signaux faibles », jamais étonnés des tornades comme des embellis. Il est comme le suggérait Edgar Morin familier de l'inattendu, sans relâche.

> *« Dans les chemins que nul n'a foulé, risque tes pas ; dans les pensées que nul n'a pensé, risque ta tête. »* Anonyme, sur les murs du théâtre de l'Odéon à Paris, en mai 1968
> *« L'éternité et un jour »*, film de 1998 de Théo Angelopoulos

Morale de ces anecdotes : si le prospectiviste doit toujours s'efforcer pour être crédible (et cru) de « parler vrai » et en tout cas de ne pas mentir, même par omission, il peut aussi – par un habile effort de communication - utiliser son travail (ou se faire manipuler !) comme un « message d'alerte » à l'opinion (« Voici ce qui vous attend si... ») ou au contraire en faire une « bonne nouvelle » pour demain. En tout cas tout prospectiviste doit s'efforcer de ne pas être un faussaire, et de « dire la vérité », même si elle est désagréable. S'il ne sait pas ce qui pourrait advenir, qu'il se taise !

Le futur voulu, fabriqué à neuf, construit de main d'homme, fait de moyens rassemblés et de savoirs accumulés, est toujours, de quelque manière, une transgression. Pour les raisonnables c'est une « folie », que pardonnent rarement les inquiets, les rassis, les méfiants, les paresseux, les « fainéants » et les jaloux. Il y a toujours un moment, en toute entreprise ou histoire vraie, où l'auteur du « coup de force » imaginé et engagé hésite, tremble, craint de se fracasser, et d'y entraîner ses proches, ses banquiers, ses partenaires et ses « outils », bons désormais pour la casse. **« Construire le futur » est un risque, une transgression de l'histoire, une rupture volontaire dans la conduite des temps immuables et du passé reconduit à l'identique. Mais c'est la seule manière de tendre les énergies vers l'accomplissement de nouveaux possibles, en prenant le risque de « se pencher au dehors** ».

L'ancien président des États-Unis Barak Obama avait utilisé pour exprimer cette dynamique, un slogan de campagne qui résume pour moi cette ordre de bataille : *« Yes, we can »*, c'est à dire : non « je » (au contraire du « Moi, président » de François Hollande) mais « nous » - autrement dit le peuple américain - pouvons, avons l'envie, la capacité, le talent, la force de construire « notre » avenir. Oui mais comment ? Ce sera l'objet de la conclusion

Oui, le futur est possible. Mais il dépend de nous :
« Il est en notre pouvoir de recommencer le monde. » Thomas Paine
« Le hasard ne favorise que les esprits préparés. » Louis Pasteur
« Demain, à nouveau, il nous faudra inventer la réalité de ce monde. » Octavio Paz
« Il n'y a pas de vent favorable pour celui qui ne sait où il va. » Sénèque

CONCLUSION
LA FABRIQUE DU FUTUR

«L'âge des nations est passé. Il s'agit maintenant de construire la terre. Toujours en avant. »
Pierre Teilhard de Chardin, 1881-1955.

Il ne suffit pas de désirer le futur, d'y réfléchir, d'imaginer ce qui risque d'advenir et de s'y préparer. Il faut surtout - nous disent Gaston Berger et Pierre Teilhard de Chardin - le vouloir, le constituer, le construire comme un ensemble de « choses à faire » dit Berger, le faire exister – autant que possible – comme l'objet d'une volonté, au moins d'un désir. L'avenir de chacun d'entre nous (comme du monde) - selon cette thèse de la prospective « à la française » - peut (doit ?) être l'objet d'un projet, puis d'une mise en œuvre de ce projet dans la durée. Prétention ? **Non. Tous ceux qui ont construit leur avenir – même modestement et pour un objet ou un temps limité - ont au moins défini ce qui leur a semblé nécessaire, utile, possible de faire, à condition que cet avenir corresponde à leurs talents et aux besoins de l'heure. Tous savent d'expérience que cette « fabrique du futur » est possible et rend heureux.** Certes chacun aussi sait que le but n'est pas toujours atteint, que l'avenir désiré puis voulu et construit « brique » par « brique » n'est pas le plus souvent l'avenir souhaité. Mais ce qui est important dans cette conception proactive de la prospective, qui est celle de Gaston Berger, c'est qu'elle suppose acquise l'idée que l'avenir n'est pas un pari mais une construction volontaire, un engagement de la « personne » (comme disait Emmanuel Mounier) et qu'en conséquence nous sommes responsables de cet avenir construit par nous.

L'avenir se construit
« L'avenir est affaire de volonté. Rendre l'attitude prospective, c'est se préparer à faire. » Gaston Berger
« L'objectif de la prospective est non pas de deviner l'avenir probable mais de préparer l'avenir souhaitable et peut-être même d'aller plus loin : tâcher de rendre

probable l'avenir souhaitable. » Jacques de Bourbon-Busset, de l'Académie française
« *Nous sommes sages par le souvenir de notre passé, mais responsables de notre futur.* » Georges Bernard Shaw
« *L'avenir n'est à personne. J'essaie de le soumettre à ma volonté.* » Napoléon Bonaparte

A l'inverse, d'autres estiment que l'avenir n'est qu'incertitude et donc que tous les « volontaristes » de l'avenir sont des prétentieux, des irréalistes, des velléitaires ou des affabulateurs qui se prennent pour des prophètes. Mieux vaut donc « faire avec », et préférer la tactique à la stratégie, le « ici et maintenant », le demain matin plutôt que l'après-demain.

« *Il faut laisser le passé dans l'oubli et l'avenir à la providence.* » Bossuet
« *L'avenir est inévitable, mais il peut ne pas avoir lieu.* » Jorge Luis Borges
« *Tout le malheur des hommes vient de l'espérance.* » Albert Camus

Reste que si l'avenir est à « construire », il ne peut prolonger le passé et l'avenir ne rester qu'un rêve, au mieux une espérance. L'homme ne peut continuer à vivre que s'il constate que – comme dit René Char – il y a « de l'inconnu » devant lui. Sinon à quoi bon ? Le poète donne alors comme simple instruction : « Il n'y a que deux conduites dans la vie : ou on la rêve ou on l'accomplit ; dans les deux cas on est sans destination sous la chute du jour, et rudoyé (...) Enfonce-toi dans l'inconnu qui creuse. Oblige-toi à tournoyer » (René Char)

Dans tous les cas, plusieurs scénarios sont alors possibles et peuvent être « joués » - comme au cinéma – en une seule et unique trajectoire ou selon différentes séquences emboitées :

ne rien faire, poursuivre, diverger, contrer, faire du neuf, partir ou « mourir ».
Pour illustrer cette sixième partie d'exemples concrets, nous explorerons le champ du politique, riche en tactiques, évènements, ruptures et rebondissements, en nous limitant à la France de ces dernières années.

1. Ne rien faire ou attendre

La légende veut que le Président du Conseil du gouvernement français sous la IVe République Henri Queuille aurait affirmé : « Je ne connais pas de problème qu'une absence suffisamment prolongée de réponse n'ait pas fini par résoudre » (cité in Pierre Affuzzi : « Pour une théorie politique de la non-décision »). Pour certains la non-décision, l'abstention, loin d'être une inaction ou un dysfonctionnement, est un échappatoire commode pour les indécis en politique... comme en amour ou en diplomatie! Le théâtre et le roman sont pleins de ces incapacités à « dire » autre chose que : « je ne sais pas » ou « je ne veux (ou peux pas) dire (ou décider) ». Ainsi dans « Pierrot le fou » Godard fait dire à Karina : « Qu'est-ce que je peux faire ? J'sais pas quoi faire ».

Cette « abstention » - volontaire ou forcée - est hélas fréquente en politique, de la part de l'électeur comme du responsable politique. On se souvient des accords de Munich (29-30 septembre 1938) entre Daladier, Chamberlain, Hitler et Mussolini, qui amenèrent un grand soulagement dans l'opinion publique européenne, mais qui encouragèrent de fait Hitler dans sa politique d'expansion.

2. Poursuivre

Le plus simple en matière de fabrication du futur – mais le plus paresseux et le moins coûteux – c'est de « poursuivre », laisser aller, continuer, faire confiance aux circonstances ou au « chef ». En langage politique tout candidat commence toujours, dès sa prise de fonction, par dire qu'il « poursuivra » ce qu'a engagé son prédécesseur, respectera les engagements pris, rencontrera ses principaux partenaires etc. Cet impératif du « laisser faire » sera naturellement très vite suivi de quelques initiatives ou décisions correspondants aux engagements et promesses issus de la « campagne ». Régis Debray a commenté avec quelque cynisme cette crainte instinctive des hommes politiques d'affronter très vite oppositions, cabales et manifestations d'intérêts catégoriels en ne décidant plus rien: « Pour occuper le fauteuil il faut des idées générales sur l'avenir ; pour le garder il en faut le moins possible ». L'art de la politique est de gérer le temps sans brutaliser ni les médias ni les citoyens, mais d'offrir toujours à minima un projet, une espérance en tout cas et quelques « cadeaux » ou avantages, autrement dit de réaliser le « changement sans risques ».

Le plus simple, par exemple en politique, est en effet, soit de passer en force (le fameux « 49.3 » ou les « ordonnances »), soit de se replier, de retarder ou d'esquiver toute réforme sous quelque prétexte, soit encore de « faire mouvement »... sans bouger, ou de renoncer sans l'avouer. Hubert Védrine, l'ancien ministre des Affaires Étrangères de François Mitterrand, publia en 2007 un livre intitulé sobrement : « Continuer l'histoire » (Fayard). On s'en serait douté ! Même si « on » le voulait vraiment, l'histoire ne peut que « continuer ».

Poursuivre c'est aussi soit résister sans vraiment « flancher », soit se soumettre en « obéissant aux ordres », soit encore rester immobile « droit dans ses bottes » (Alain Juppé). Ce peut être aussi ne pas bouger, mais « monter d'un cran », directement ou indirectement, avec la complicité d'un « partenaire », d'un « ami » ou d'un « leader » que l'on sollicite ou qui vous offre de composer avec vous un « ticket ». Ainsi firent tous les présumés (par eux) Premiers ministres: ils négocièrent leur « accord » avec le candidat à la présidence... ou manquèrent la dernière marche, comme Nicolas Dupont-Aignan avec Marine Le Pen, puis François Bayrou avec Emmanuel Macron, le tout au printemps 2017.

Anecdote

Faut-il poursuivre, accélérer ou abandonner ?

Contrairement à tous ceux qui en prospective à moyen terme ne : conçoivent que trois scénarios (« laisser aller », optimiste, pessimiste), je crois plus fructueux – en utilisant une métaphore cycliste - d'élaborer trois scénarios autrement « contrastés » : celui du « faux plat, en restant dans le peloton », celui de « l'échappé en solitaire » mais avec une « avant garde » et celui du « repli » en « queue de peloton », afin de « résister » à l'abandon qui pourrait menacer, juste le temps de reprendre son souffle. J'ai ainsi connu des dirigeants d'entreprise et des élus politiques qui se sont fracassés, en choisissant « à l'aveugle » des scénarios imprudents de « sortie par le haut » ou d'abandon prématuré. Sage est celui qui se ménage des étapes de « plat », lui permettant de décompresser, de reconstruire ses forces et d'imaginer une nouvelle initiative. Ainsi la fondation Charles Leopold Mayer, à l'époque dirigée par Pierre Calame, faisait tous les cinq ans un break collectif complet d'un an, sans ouvrir de nouveaux chantiers. A contrario, comme salarié et petit actionnaire, j'ai connu une coopérative de conseil qui s'est fracassé après une croissance foudroyante et continue pendant dix ans.

3. Diverger

Tous les politologues enseignent qu'un leader politique commence toujours par combattre le pouvoir en place ou par le défier. Puis sur cette base il travaille ensuite à rallier une clientèle ou nouer des alliances qui le conduiront progressivement au pouvoir suprême... pour y rester alors le plus longtemps possible. Mais il faut pour cela : soit « attendre son tour » et ne point être trop impatient, soit « forcer le destin » par un coup d'éclat, comme sut le faire Napoléon III ou à répétition Nicolas Sarkozy, avant et pendant son quinquennat. D'autres choisissent, en politique comme dans la vie, de diverger sans céder (cf. le « Oui, mais » de Valéry Giscard d'Estaing), de « prendre du champ » en attendant des circonstances plus favorables ou... de voyager, voire de préparer son retour après ce « retrait ». Tous les grands dirigeants, dans la vie politique comme dans celle des affaires, pratiquent à intervalles périodiques cette tactique du « retrait volontaire »... toujours bref. Ainsi fit le général de Gaulle en 1968, rejoignant le général Massu à Baden-Baden, sans même prévenir – dit la légende - son Premier Ministre. Puis il fit retour et parla à la radio... et fit remonter – sans se mêler lui-même à la « populace » - l'avenue des Champs-Élysées par quelques-uns de ses « compagnons ». J'ai connu le premier adjoint et président de la Communauté Urbaine d'une grande ville de l'ouest qui attendit sagement que le maire meurt... pour prendre sa place. Et Gérard Collomb, sénateur-maire de Lyon, discret et même effacé, sut attendre de longues années pour que le nouveau président de la République vienne le chercher pour occuper le poste très envié de ministre de l'Intérieur, déjà occupé précédemment par Jacques Chirac, Nicolas Sarkozy et Manuel Valls.

Enfin « diverger », lorsque la construction linéaire du futur est engagée, c'est parfois – au moment opportun – « prendre le large », volontairement ou selon un scénario soigneusement préparé à l'avance. Ce fut « l'appel du 18 juin » de Charles De Gaulle lancé de Londres en 1940. Cette fugue ou fuite est parfois fantasmée ou rêvée, telle celle d'Alain Juppé à Venise, que le jeune « quadra » confessa dans un livre devenu célèbre, intitulé « La tentation de Venise ». Le leader est souvent celui qui « quitte le navire », comme le fit Emmanuel Macron, en quittant volontairement le gouvernement de Manuel Valls. Ce dernier rebondit une nouvelle fois en 2019, après avoir été Premier ministre du gouvernement français, en se présentant à la mairie de Barcelone.

4. Contrer ou détruire

« La meilleure défense c'est l'attaque » dit la sagesse populaire. Tout révolutionnaire commence par être un opposant, le partisan du « non », du « contre », de l'opposition à tous les puissants du moment. Ainsi, au temps de sa splendeur, le Secrétaire Général du Parti Communiste français

Georges Marchais fut un formidable opposant frontal. Tous les ambitieux ont commencé par dire non, dont le général de Gaulle en juin 40. Ainsi se construit le futur voulu, en contestant le pouvoir. François Mitterrand en publiant « Le coup d'État permanent » et Che Guevara en proclamant à la tribune de l'ONU *« A patria ou a morte ! »*. affirmèrent leur singularité, proclamant la révolte. Tous les grands révolutionnaires – ou qui se sont proclamés tels - on toujours voulu détruire l'ordre ancien, le « vieux monde ». Le révolutionnaire est « révolté, « insoumis », toujours contre, préférant le désordre à l'ordre. C'est une manière inversée de construire l'avenir, en commençant par le détruire, comme les révoltés du 14 juillet 1789 en France, à Paris, place de la Bastille.

« On a pas à accepter le monde tel qu'il est. On peut le refaire tel qu'il devrait être. » Nelson Mandela
« L'avenir est quelque chose qui se surmonte. On ne subit pas l'avenir. On le fait. » Georges Bernanos
« Le fascisme ne passera pas. » Slogan révolutionnaire des années 30 en France
« O pueblo unido jamais sera vencido. » Slogan de la gauche chilienne en 1973

En toute assemblée politique, la majorité a besoin de l'opposition et réciproquement. Chacun sait que l'opposition est « contre », presque toujours « contre », ce qui est simple et confortable pour l'opposition, mais aussi pour la majorité. Pour que le « système » avance et reste équilibré, il est nécessaire que l'opposition s'honore en faisant des propositions neuves, utiles, argumentées, fécondes et réalistes, ce qui est difficile et exigeant. Et que le Prince ne mette pas tous ses opposants réels ou supposés en prison, comme c'est le cas aujourd'hui en Turquie ou en Chine. Ainsi fonctionne la démocratie.

5. Faire, réaliser, construire

L'avenir est toujours « possible » :
« Il est en notre pouvoir de recommencer le monde. » Thomas Paine
« Considérer l'avenir (...) comme une chose à faire. » Gaston Berger
« Ce qui est à faire est plus important que ce qui est déjà fait. » Gaston Berger
« Tout ce qu'un homme est capable d'imaginer, d'autres hommes seront capables de le réaliser. » Jules Verne
« Changer le monde. Nouveau mode d'emploi. », Chico Whitaker, architecte et homme politique brésilien (co-fondateur du Forum Social Mondial)

Faire est plus périlleux que contrer ou détruire, car chacun sait que même si, par exemple en politique, l'opposition se tait ou vote contre pour empêcher de faire – ce qui est facile et ne l'engage guère –, faire du neuf c'est prendre le risque de prendre des coups et/ou ne pas aboutir et/ou d'être contraint de reculer, voire d'abandonner son « projet » et de renier ses engagements ou promesses. Mais faire c'est surtout courir le risque de l'échec, de l'opprobre, de la honte, du ridicule...et de la « prison » pour actes contraires à la loi. Tous les dirigeants promettent un avenir radieux à leurs « compatriotes », associés, actionnaires, salariés, banquiers, partenaires...et même à leurs enfants. Hélas, la réalité du futur est parfois plus ingrate que les promesses et l'annonce de la « sortie du tunnel », et la « diminution du chômage » ou le « rétablissement de la croissance » n'est jamais garantie. La sagesse populaire dit à sa manière cette incertitude de l'avenir, toujours masquée, dans des proverbes :

Nul n'est sûr de l'avenir :
« Nul ne connaît l'histoire de la prochaine aurore. » proverbe nigérien
« L'avenir ressemble à une femme enceinte, qui ne sait ce qu'elle mettra au monde. » proverbe turc
« On ne sait aujourd'hui de quoi demain sera fait. » proverbe grec
« On reconnaît un pionnier d'un autre homme parce qu'il a reçu des flèches dans le dos. » proverbe américain
« Parlez de l'année prochaine et le démon sourira. » proverbe japonais
« Qui ne risque rien n'a rien, mais qui n'a rien ne risque rien. » proverbe québécois

Anecdote 1
Le défi de l'engagement et les « dégâts collatéraux »
Chacun connaît d'expérience personnelle, ou par celle des autres, qu'écrire un livre (par exemple celui-ci) ou entreprendre quelque chose de neuf, déclenchera immédiatement, ou un peu plus tard, quand l'affaire sera en train, faite ou presque faite :

- *les réactions de ceux qui « avaient déjà pensé » à le faire... et qui ne l'ont pas fait, et s'en veulent de ne pas l'avoir fait*
- *les jalousies de ceux qui l'auraient peut-être fait, mais autrement, ou pas maintenant ou avec d'autres partenaires*
- *les fureurs de ceux qui sont contre, l'ont toujours été et fourbissent leurs armes pour saccager ce que vous avez entrepris*
- *les critiques de ceux qui disent qu'ils attendent de voir pour juger*
- *les pessimistes qui disent que « ça ne marchera jamais »*
- *les concurrents qui présagent ou conduisent le « naufrage assuré » de l'affaire en se frottant les mains*
- *tous ceux qui auraient voulu être « dans le coup » et ne l'on pas été ou ont refusé*

- *tous ceux qui attendent que vous soyez « morts » pour récupérer l'idée, les partenaires, les clients ou même la trésorerie de l'affaire que vous avez créée (parfois même avec eux)*
- *les jalousies de ceux qui disent, cinq ans après, qu'on ne les avait pas à l'époque sollicité et qu'ils auraient pu intervenir...*

La seule certitude c'est de continuer à avancer. Car, quand il s'agit de l'avenir, on peut toujours se dire que « Ce qui vient au monde pour ne rien troubler ne mérite ni égards ni patience » (René Char).

Anecdote 2

La fondation d'une « ville nouvelle »

Pour un prospectiviste la création ou le refondation d'une « ville nouvelle » est une commande exceptionnelle et rare, toujours chargée d'un risque majeur, car la « ville » neuve qui en résulte engagera l'avenir d'un « lieu » de façon irréversible et pour une durée longue, si ce n'est infinie. C'est de plus un engagement « politique » fort, qui engage des investissements lourds, publics et privés, de l'ordre d'un milliard d'euros par million d'habitants nouveaux et qui peut devenir, sur la longue durée, un échec (Chandigarh) ou une réussite éclatante (Brasilia). C'est enfin une « construction » de l'avenir en « dur » totalement irréversible, nul n'ayant jamais détruit une ville, même engloutie par la mer (Milet en Turquie) ou défaite par les « barbares » (Misrata en Libye et Mossoul en Irak). Mais l'échec grave - par exemple la ville de King Abdullah Economic City en Arabie Saoudite, « ville intelligente » et ultramoderne par excellence, quasi vide à ce jour, malgré un investissement de dix milliards de dollars – n'a jamais été reconnu par ses auteurs. Les semi-échecs, en France, des villes de Richelieu (Indre et Loire), voulu et financé par le cardinal et Premier Ministre de Louis XIII du même nom, et Le Vaudreuil (Eure), ordonnée par le gouvernement français en 1962, n'ont jamais été sérieusement« évaluées » scientifiquement. J'eus la chance de participer activement à la conception, à la « relance » ou à l'évaluation de dix d'entre elles : six en France (Lille-Est, Isle d'Abeau, Marne la Vallée, Cergy-Pontoise,

Saint Quentin en Yvelines, Le Vaudreuil, Évry), une en Ecosse (Cumbernauld), une au Brésil (Brasilia) et une en Afghanistan (le projet d'une nouvelle capitale au nord de Kaboul).
C'est, pour un urbaniste, une expérience « totale » de prospective appliquée. L'ivresse ne vient pas tant d'en établir le « plan » - ce qui n'est pas le plus difficile – mais d'en « monter » le financement, de la construire, puis de faire en sorte qua la ville se développe par elle-même.

6. Se contredire

La légende court que Baudelaire aurait dit (écrit ?) que sur la liste des « Droits de l'homme » il aurait fallu en ajouter deux : « Celui de s'en aller et celui de se contredire ». J'appliquerais volontiers à la prospective ce deuxième souhait. Car la tentation constante du prospectiviste est d'être cru « sur parole »... et de profiter indument de cet avantage du fait que celui qui l'accuse de « faux » n'a le plus souvent guère d'arguments pour le contredire, puisqu'il s'agit d'avenir dont personne ne sait rien. Il faut donc revendiquer en prospective – et sur ce point Baudelaire a raison – le droit de se contredire, et même de se tromper. J'indique sur ce point plus haut deux erreurs de prospective, dus à l'incompétence et à l'aveuglement des auteurs. Baudelaire a raison: il faut revendiquer en prospective le risque d'être contredit, non par son interlocuteur, mais par la réalité du futur.
Se tromper et pire diffuser des « *fake news* », inconsciemment et surtout consciemment, est toujours impardonnable. C'est une faute intellectuelle et morale, autant que le mensonge, et qu'il ne faut jamais excuser (et encore moins se faire pardonner), au nom des généreux principes que « l'erreur est humaine » et que « nul n'est prophète en son pays »

7. Disparaître (ou « mourir »)

Il faut admirer celui qui accepte de perdre ou abandonner après avoir, parfois longtemps, tout gagné ! La loi est dure, mais c'est la loi *(dura lex sed lex)*. De tous temps, en tout pays, des chefs d'entreprise, des hommes politiques, des chefs de guerre, des artistes, de simples pères de famille – célèbres ou modestes – n'ont pu ou pas voulu aller jusqu'au bout de leurs rêves, de leur ambition, de leur destin. Ainsi Jacques Delors, qui refusa d'être candidat à l'élection présidentielle, car il savait qu'il n'aurait « pas les moyens de gouverner ». Respect. Respect aussi aux orgueilleux qui ont cru, à un moment de leur histoire, que leur heure était venue d'aller jusqu'au bout de leur projet ou de leur ambition, et que l'échec a abattu. Qui n'a rêvé parmi les hommes politiques d'être député-maire, ministre, Premier ministre puis chef de l'État ? Puis de se représenter, après un échec. Hélas il y a en France – comme en tous pays – plus d'hommes politiques « battus » - dont personne ne parle jamais – que d'hommes politiques « élus ». Faut-il mépriser ceux qui se pensent capables de diriger un grand groupe du CAC 40, font tout pour y arriver et ne sont pas désignés ? Charles de Gaulle aurait dit, d'après Jean Lacouture: « J'ai toujours pensé que je serais un jour à la tête de l'État »

Seule l'histoire reconnaitra les talents d'un ambitieux doué, parfois longtemps après sa mort. Ainsi Van Gogh n'a jamais vendu qu'un tableau de son vivant. Cependant chacun connaît autour de lui ceux ou celles qui sont ou ont été, même de peu de talent, très jeunes mais habiles, titrés, décorés, reconnus, sollicités pour un « poste » prestigieux, qui accèdent avant quarante ans à des job avantageux et sont très tôt couverts de médailles ! Mais chacun connaît aussi des maires qui tentèrent « le mandat de trop »... et furent battus par leurs propres amis, et perdirent alors TOUT.

L'important pour un artiste, pour un homme politique et parfois même pour un simple mortel est de défier sa propre mort en construisant « brique par brique » la mémoire que l'on aura de lui, afin de la rendre élogieuse et/ou – à minima - de réussir sa sortie. La modestie s'apprend, même aux ambitieux (cf. le film « Alice et le maire »)

Ainsi l'avenir d'un homme doté de quelque ambition, et qui n'y parvient pas tout à fait, risque de ne plus être « promu », de toucher un salaire « plafonné » et d'être « mis au placard », ou même d'être « démissionné ». Dans ce cas, il ne dispose que de trois options pour reconstruire son avenir :

- soit il met fin de sa main à sa vie terrestre, en jugeant que son œuvre est accomplie ou qu'il ne peut ou veut aller plus loin. C'est la décision – respectable – par exemple de Stefan Zweig, Romain Gary, Henry de Montherlant et Nicolas de Staël. Elle est fréquente dans les arts, mais rarissime en politique, sauf les maires de Tours il y a peu et celui de Clermont-Ferrand jadis.
- soit il estime que son œuvre doit être sauvegardée et il crée avant de mourir une fondation, un musée ou équivalent, et, par exemple pour un écrivain, sollicite son éditeur de consacrer à son œuvre un « Cahier de l'Herne », une émission de « Le livre et vous » pour lui seul ou bien encore la publication - de son vivant, ce qui est rarissime - de ses œuvres dans « La Pléiade », ou équivalent tome 1. Exemples : Le Corbusier, Picasso, Salvador Dali, Erik Orsenna, Michel Houellebecq, Bernard-Henri Lévy, Marco Vargas Llosa et Jean d'Ormesson.
- soit il estime qu'il peut « revenir » après avoir été « chassé ». A l'époque contemporaine rares sont, parmi les chefs d'État, ceux qui ne doutèrent jamais qu'ils étaient immortels. Citons : Adolf Hitler, Joseph Staline, Laurent-Désiré Kabila, Kadhafi, et aujourd'hui Xi Jimping ou Erdogan. Nicolas Sarkozy, récemment, tenta de faire croire qu'il pourrait par le vote des Français et le seul dans l'histoire de France, redevenir chef de l'État, comme l'avait tenté Napoléon Bonaparte par surprise (« Les 100 jours »). Il tenta le renouvellement de son mandat en 2017, cinq ans après avoir été déjà éliminé en 2012 pour un deuxième mandat. Comme Napoléon, il échoua. En matière d'urbanisme Le Corbusier ne douta jamais – dès son livre « L'urbanisme » de 1922, toujours en vente aujourd'hui chez Flammarion – qu'il était génial.

L'acharnement de très longue durée et la réussite totale au delà de la mort est en politique, dans les sciences, les affaires et les arts, un exercice rare qui obsède les plus grands. Ainsi Le Corbusier en architecture, Winston Churchill, François Mitterrand et Charles de Gaulle (l'un contre l'autre !) et Mandela en politique, Victor

Hugo en littérature, Pablo Picasso, Salvador Dali et Vasarely en peinture, et Pierre Boulez en musique, surent gérer habilement leur très longue carrière, éliminant un à un leurs concurrents, « saturant » les médias et rebondissant sans cesse ; puis ils organisèrent de leur vivant leur éternité. L'auto-prospective de soi, vivant puis mort, est un dur labeur qu'il faut savoir organiser, afin de ne jamais être oublié et toujours célébré.

8. Rebondir

Chanson
La meilleure façon de marcher
Celle qui est la nôtre
C'est de mettre un pied devant l'autre
Et de recommencer

Ce qui advient n'est jamais exactement ce qui avait été prévu, souhaité ou imaginé. L'avenir n'est que rarement « un long fleuve tranquille ». Il est donc nécessaire, dans toute démarche de prospective, de pouvoir introduire des variantes dans la trajectoire imaginée au départ en cas de difficulté et même de garder en réserve des capacités de rebond. Il est ainsi toujours nécessaire d'introduire « en cours de route » une modification de la trajectoire imaginée, voire même de renoncer ou encore de changer d'objectif en cas de difficulté grave. Le futur ne tolère ni hésitation ni révolte quand la « machine » est en marche, car elle ne s'arrête jamais. Tous ceux qui conduisent une « avant garde » savent que l'arrêt, ou plus grave la « marche arrière », est impossible, mais le rebond parfois possible. Ainsi Lénine, après l'échec de 1915 sut aboutir en 1917, et Charles de Gaulle pris l'initiative de démissionner en 1947, gérer sa « traversée du désert » afin de mieux rebondir en 1958.

Le prospectiviste doit dès l'amont non seulement imaginer des variantes dans les scénarios proposés, mais se préparer à

« rebondir » en cours de trajectoire lorsqu'elle est interrompue. Il ne suffit pas en effet de « mettre un pied devant l'autre »... « et de recommencer ». Il faut savoir « changer de pied », à temps et - s'il le faut - à contre temps, et mener jusqu'à son terme la « course d'obstacles ». Car le futur n'attends pas. Mieux vaut donc prévoir et organiser, en cas de malheur, le « rebonds », l'attente d'une opportunité favorable, contourner l'obstacle ou affronter l'échec, éventuellement « passer en force », et... recommencer. François Mitterrand fut un expert en cette matière.

Tous les dirigeants, hommes politiques, aventuriers, sportifs, prélats, savants, grands artistes et écrivains de renom, grands cuisiniers et chefs de guerre connaissent d'expérience ces moments d'incertitude et de flottement où il faut nécessairement « changer de pied » - et vite ! - pour repartir « du bond pied ». Et, parfois même, accélérer. Heureux est alors celui qui à ce moment là peut interroger son « chef d'état major », (ou lui même) qui a prévu une « sortie de crise » possible, secrète et parfois même gagnante. Mieux vaut à ce moment là ne pas être pris au dépourvu. **La prospective est donc aussi la capacité non pas seulement de conduire l'action mais aussi de dessiner, à chaque moment, des « points de fuite » ou un « plan B » en cas d'insuccès, de méprise, de révolte ou d'obstacle inattendu, interne ou externe.** Par exemple qu'avait prévu Eisenhower et les armées alliés en 1944 en cas d'échec du débarquement en Normandie ? Y avait-il une stratégie de rechange ? Un « plan B » ? Les militaires ne sont célèbres que par leurs « victoires » et les hommes politiques par leur « élection », suivie d'une « réélection ». Ainsi tous les présidents de la République rêvent de renouveler l'exploit de François Mitterrand puis celui de Jacques Chirac en étant réélu.Mais l'histoire est parfois contraire ou bégaie. L'avenir n'est parfois pas ce qu'il devait être.

Qu'aurait du imaginer Napoléon à Waterloo avant le désastre du 18 juin 1815 et comment le général de Gaulle eut l'intuition que son appel à la radio le même 18 juin, mais en 1940, serait entendu... et à terme couronné de succès ?

Construire le futur d'un projet collectif, comme un projet pour soi même, n'est jamais simple. Le parcours du futur ne se développe en effet que rarement selon un schéma linéaire sans interruptions, suspensions ou échecs. Cette conquête d'un futur imaginé est presque toujours en effet semée d'embuches, de détours nécessaires, d'évènements extérieurs, de *stop and go*, de drames parfois. Comment les intégrer dans un parcours brutalement interrompu, marqué par des « ruptures » le plus souvent imprévisibles. **Tout l'art du prospectiviste consiste non pas tant à imaginer des scénarios crédibles qu'à anticiper les « pépins » possibles en cours de route, et surtout la manière de les surmonter.** Comment « gérer » les aléas et en profiter pour rebondir ? Autrement dit comment reconstruire le futur après un échec, une maladie, une faillite, un divorce, un accident ou une « suspension de séance », voire une menace ou un chantage ?

9. Voies de recherche de la construction du futur

Dans notre domaine et dans le monde entier, les chercheurs imaginent la martingale gagnante. Ils sont donc tous en concurrence les uns avec les autres, ce qui est stimulant mais répand l'idée fausse d'un « secret » sur les avenirs possibles et encore plus souhaitables, et donc peu ou prou nuit à une image ouverte de la prospective. Cette endogamie à l'intérieur du « système intellectuel » très étroit de la prospective - du moins en France - vient aussi du fait qu'aucune organisation n'a pris l'initiative de rassembler chaque année la communauté scientifique internationale de la prospective. Sur le fonds, construire le futur, et d'abord en décrire les « futurs souhaitables », à moyen terme de quelques années, ce qui est le cœur de notre discipline et son objet central, se heurte à deux obstacles scientifiques majeurs :

- aucune « théorie » ou ensemble de lois ou technique n'a permis jusqu'à présent de « prévoir l'avenir », celui-ci étant par nature « élastique », peu rigide, aléatoire et donc impossible à décrire de façon stable. Bien plus, nul n'a jusqu'à présent n'a pu mesurer l'impact et les conséquences d'une « rupture », au sens que nous avons donné à ce concept, sauf à dire qu'elle adviendra. Ainsi nul ne peut savoir si, après une hausse qui semble inévitable du niveau des mers, le phénomène ne va pas s'inverser (par évaporation accélérée, due à un changement climatique majeur?) ou se stabiliser.

- nul ne sait – pour utiliser le vocabulaire de Boris Cyrulnik – quelles sont les capacités de «résilience» sur longue durée de l'homme, des sociétés et de leurs organisations, et encore moins des valeur, idées et concepts. Autrement dit: quel est «l'élasticité» du futur par rapport aux drames et catastrophes avant le «point de rupture»? Sait-on par exemple si les villes actuelles sont réellement condamnées et si l'homme est menacé dans son psychisme par de nouvelles addictions ou maladies non encore décelées? Autrement dit: peut-on «construire» un monde stable, autorégulé, «normal» (selon nos «normes»), accessible au «raisonnement» et à la puissance de calcul des ordinateurs d'aujourd'hui? Peut-on par exemple simuler la paix (Jean-Claude Carrière pose la question dans «La paix» chez Odile Jacob,2017), l'«apocalypse» ou dater la «fin des temps», si elle existe? Peut-on même – comme essaye de le démontrer Arthur Koestler – trouver «Les racines du hasard «(Les Belles Lettres, 2018)?

Ceci explique que les chercheurs des *«future studies»* sont par nature discrets, car ils se savent incertains et ignorants, et donc publient peu ou pas. Malgré tout, les auteurs de ce livre ont recensés certaines techniques et méthodes qui pourraient préfigurer ou représenter quelques pistes de la construction du futur. En voici quelques «signaux faibles», en cours d'apparition :

- les technologies 3D progressent très rapidement et peuvent laisser espérer le passage au stade industriel – comme c'est maintenant le cas à grande échelle pour les robots - de la fabrication d'objets, et aujourd'hui d'un bâtiment (maison, usine), voir d'un îlot ou même à terme d'une ville entière. Les métiers de l'industrie, de l'urbanisme, des travaux publics et de la construction pourraient en être bouleversés, passant ainsi de la conception « sur écran » - ce qui est maintenant banal – à la réalisation opérationnelle « en vrai ».

- la *« design fiction »*, encore dans ses balbutiements, permet de concevoir des images du futur en mixant les « représentations du futur dans les œuvres de fiction – en particulier issues de la science-fiction - et les conceptions de biens de consommation ordinaires», générant ainsi une construction des avenirs possibles à la frontière du « design critique, de l'intervention artistique et de la spéculation romanesque » (voir l'article de Nicolas Minvielle et Olivier Whelet dans « Futuribles » de novembre-décembre 2017).
- les *« jeux de simulation »* des militaires, politiques et diplomates et les *« business games»* des managers s'inspirent de plus en plus des techniques de manipulation, d'écoutes téléphoniques généralisées, de campagnes d'intoxication de l'opinion, voire de mensonges pures et simples. A quand les combats à distance sur ordinateur par drones, avec « zéro morts » et zéro « dégâts collatéraux » ? La guerre est-elle finie ?
- les *Big Data* permettent maintenant, dans les domaines scientifiques numérisées et à peu près stables, de pousser très loin la prospective quantitative à moyen terme de façon presque sûre dans mille secteurs... mais pas dans tous ! Et ces outils informatiques ne peuvent que « construire » des scénarios quantitatifs conformes à des « modèles » statistiques, donc mécaniques. L'Intelligence Artificielle (IA) n'en est qu'à ses balbutiements (voir le rapport Cédric Villani et l'article de « Futuribles » d'André-Yves Portnoff et Jean-François Soupizet d'octobre 2018 sur le sujet, et le débat qui s'en suivit dans les médias). Il est certain en particulier que toute évolution – passée ou future – ne pourra jamais être numérisée, « modélisée » et projetée de façon linéaire, et que dans mille domaines (l'art, la politique, le « genre » ou même la conjoncture économique, l'innovation et la guerre) et l'intelligence, même très savante et surtout « artificielle », n'échappera pas au hasard et restera donc... un artifice, et c'est peut-être tant mieux.
- certains imaginent un homme « augmenté » (« transhumanisme »), le « genre » banalisé, une économie « sans usines »,

des robots dans tous les domaines de la vie quotidienne, des voitures sans chauffeurs et sans essence, une médecine presque sans médecin (sauf au téléphone), un commerce sans commerçant, des journalistes sans journaux papier etc. Balivernes ? Et a-t-on inventer un moyen simple d'éradiquer la faim dans le monde ?

- d'autres croient dur comme fer à la « théorie du complot » ou que « la fin du monde est proche »... ou que le prochain président de la République française sera un musulman, comme l'écrit un « grand écrivain » contemporain, comme l'est déjà l'actuel maire de Londres etc.

Déjà, dans « La rose pourpre du Caire », Woody Allen nous avait accoutumé à cette idée un peu folle qu'un acteur pouvait « sortir » de l'écran et la télévision nous a montré qu'un duo d'inventeurs pouvait effectuer le tour du monde avec la seule énergie solaire. Leur avion « Solar Pulse » est exposé au musée des Sciences et Techniques de la Villette. C'est donc que « c'est possible » ?

10. *« Devenir éternel... et mourir »* (disait Jean-Luc Godard)

Construire l'avenir pour une durée infinie, le sien comme celui de son pays, de son œuvre ou de son entreprise, est un pari absurde, mais qui n'a cessé de fasciner quelques imprudents, comme Jules César, Alexandre Le Grand, Fidel Castro (toujours vivant) et presque tous les dirigeants africains d'aujourd'hui, ainsi que les présidents actuels – entre autres – de la Chine, de la Russie et de la Turquie. Ce fut aussi le cas pour quelques maires de grande ville (Édouard Herriot resta maire de Lyon plus de 50 ans !), ou pour quelques dirigeants de grande entreprise, souvent de père en fils, comme les Riboud, les Leclerc, les Bolloré ou les Bouygues. Cette ambition n'a jamais cessé de passionner « les meilleurs » ou ceux qui se pensaient tels, capables de défier l'histoire et même leur propre mort. Car, à partir d'une certaine durée, le pouvoir fascine à un point tel que le Prince (et son entourage) est convaincu lui-même qu'il a atteint l'impossible (défier le temps long), qu'il est « invincible » et « donc » indispensable, donc immortel, puisque son retrait mettrait en péril son propre pays, voire le monde entier. L'éternité a toujours fasciné les « Grands Dirigeants », C'est tentant quand on se prendre pour Dieu, qui lui... est éternel. La prospective de soi dans l'éternité a toujours stimulé quelques imprudents mégalomaniaques.

L'éternité pour soi-même - ou son œuvre – devient le seul moteur quand on atteint le ciel, qu'il n'y a pas d'au delà. « Nous n'agissons que sous la fascination de l'impossible. Autant dire qu'une société incapable d'enfanter une utopie (...) est menacée de sclérose et de ruine » (Cioran). Tous les hommes politiques et tous les grands artistes n'imaginent rien d'autre que d'être le « premier » et de le rester, parfois même dès leur plus jeune âge. Ainsi Charles de Gaulle, rapporte Jean Lacouture, aurait affirmé : « J'ai toujours pensé que je serai un jour à la tête de l'État ». En 1969 n'a-t-il pas pensé qu'il pourrait le rester, ou du moins dans la légende ?

11. Prospective et décision

Dans le dernier chapitre de sa thèse, Fabienne Goux-Baudiment pose la question – et y réponds positivement : « Est –ce que la prospective est « opérationnelle » ? Doit-elle conduire l'action, autrement dit – si les mots ont un sens -, est-ce que la prospective est (doit être ?) un instrument intellectuel, un outil, une « science », avec une méthode, permettant de conduire l'action de « mise en œuvre », de fabrication d'un futur souhaité, voulu, et de le rendre « opérationnel » ? Sur cette interrogation fondamentale des usages de la prospective, les avis divergent. Et la question est centrale puisque, bien souvent – c'est en tout cas mon expérience personnelle dans de nombreuses missions en France et à l'étranger (voir anecdotes ci après) - le client ne se contente pas de « futuribles » mais exige non seulement des scénarios (les possibles) et même le choix d'un scénario et du projet correspondant, et parfois même la manière de le conduire. Je me suis toujours opposé comme Fabienne Goux-Baudiment à cette dérive dangereuse, cependant flatteuse pour le prospectiviste mais à haut risque, lorsque nous sommes encouragés à aller « jusqu'au bout » du travail intellectuel en « fabriquant » du futur (à l'oral ou à l'écrit) ou même à prendre la place du « client », fragile ou incertain (« Vous croyez ? »), comme si le prospectiviste « avait la main » et « voyait » ce qu'il fallait faire ou ne pas faire. Cette tentation est d'autant plus forte que le prospectiviste « sait » (et le commanditaire l'oublie parfois) qu'il va disparaître du « champ de bataille », quitter en tout cas prochainement les lieux, envoyer la facture et plaider en cas de malheur son irresponsabilité (« Moi j'ai dit ça ? »).

Anecdotes

Le prospectiviste doit-il aller jusqu'à définir le « projet » et indiquer la « marche à suivre » ?

Les villes, départements ou régions pour lesquels je suis intervenu lors d'un exercice prospectif ont souvent insisté pour que j'aille « jusqu'au bout » de mon travail de prospectiviste, en leur indiquant mes préférences sur les scénarios proposés, ou même en leur déroulant une liste de mesures à prendre, chantiers à engager et donc décisions à prendre (ou ne pas prendre, voir personne... à « licencier » !). J'ai toujours refusé, pour une raison de fonds : la prospective est un exercice intellectuel qui n'engage pas l'auteur du travail prospectif à préconiser telle ou telle mesure à prendre, ni le partenaire à décider quoi que ce soit. Le prospectiviste ouvre le champ des possibles et ne décide rien, et certainement pas de faire ou ne pas faire ceci ou cela, n'étant ni responsable en cas de succès ni coupable en cas d'échec. Mais j'ai parfois indiqué au responsable politique, seul (sans témoin) et à l'oral, quand il le souhaitait, mes préconisations personnelles d'action immédiate ou différée. J'ai ainsi refusé au député-maire d'Évry de l'époque (Manuel Valls) d'écrire le « projet de (sa) ville », ce qu'il souhaitait ! Mais je lui ai dit oralement ce qu'il me semblait utile et fécond pour lui de faire, après deux années de travail. Ce qu'il a fait.

Ce fut le cas – il y a plusieurs années -, pour le préfet de la Guyane, le Directeur Départemental de l'Équipement des Yvelines et celui du Vaucluse, mais aussi le président du Conseil Régional de Poitou-Charentes, le président du Conseil Général d'Ille-et-Vilaine et celui de la Haute-Loire, le vice-président du Conseil Général de l'Hérault, les présidents des communautés urbaines « Plaine Commune », du Creusot-Monceau et du Calaisis (Pas-de- Calais), les maires du Mans, de Saint-Nazaire, de Boulogne-sur-Mer, de Saint-Malo, de Lognes, de Ceyrat et de Riom. Dans d'autres cas, en particulier à l'étranger, du fait de ma qualité d'étranger, j'ai toujours refusé – à Montevideo, Curitiba, Joao Pessoa, Carthage, Addis-Abeba, Tunis ou Kaboul - de proposer une décision ou pire un projet et une « stratégie », estimant que je n'étais pas légitime pour une autre tâche que la mienne, qui fut seulement en un temps bref de conseiller le Prince du moment. Mes avis et recommandations n'ont pas toujours été suivis d'effets...

La question du passage de la fabrication des scénarios au choix d'un « projet » et à la définition de sa mise en œuvre (stratégie) divisent les prospectivistes :

- Gaston Berger lui-même se refusait à indiquer que la prospective devait « dire » « ce qu'il y avait à faire ». Il a écrit certes : « Ce qui est à faire est plus important que ce qui est déjà fait » mais aussi : « Demain (...) est moins à découvrir qu'à **inventer** » et « L'avenir (...) dépend de ce que nous voulons », mais surtout : « L'avenir n'est pas ce qui vient après le présent, mais (...) surtout ce qui est ouvert » ou encore : « L'esprit prospectif (...) **ne détermine pas il éclaire** ». Il indiquait seulement – gardons en tête cette exigence – que la prospective devait du moins permettre d'« écarter les paris absurdes ».
- Pierre Massé, peut-être parce qu'il était ingénieur et non philosophe, allait plus loin dans la « prospective opérationnelle », quand il disait que la prospective « doit remettre en ordre » ou « transformer la disponibilité en engagement », et même que « Le regard sur l'avenir est le premier temps de l'action ».

Fabienne Goux-Baudiment, dans le chapitre de conclusion de sa thèse propose, sur cette question de la « prospective opérationnelle », de faire « un pas plus loin » en proposant au commanditaire qui souhaite agir de seulement « identifier le dessin de la trame et donner aux acteurs (...) la possibilité d'en choisir les couleurs ». Pour elle la vocation ultime du prospectiviste serait d'entretenir et diffuser un « état d'esprit général » de « tension créatrice ». Comme à regret elle ajoute : « Toutefois la paresse intellectuelle et la culture de l'urgence risquent de freiner le développement de cette pensée en tension, de cette « intelligence de la complexité » citant Edgard Morin.

Je suis de ceux qui refusent de donner au prospectiviste le rôle de « manager de la décision», et encore moins de « stratège », ce qui est un autre métier, demande du temps, d'autres qualifications (en particulier juridique et financière) et même serait en quelque sorte une trahison éthique de notre discipline, car notre travail doit conduire le partenaire à être libre de ses engagements et non à être conduit à choisir ou rejeter les propositions du prospectiviste. **Ainsi un « chef d'état-major » dans la vie militaire ne décide jamais à la place du « patron » qu'il conseille et un « conseiller d'ambassade » ne dicte pas sa conduite à l'ambassadeur de France.** Par contre j'exige de mes partenaires un préalable : me laisser libre de dire, d'écrire ou de proposer même ce qui leur déplait, ou qui serait « interdit ». Je sais ainsi d'expérience que mes meilleurs textes sont restés dans les tiroirs ou parfois ont été diffusé largement, mais avec des « coupes »; ce qui signifie que la prospective fait parfois peur, mais donne toujours à réfléchir, et parfois autrement que selon la coutume des « biens pensants », de la « doxa » en vigueur ou de la logique du « laisser faire ». La prospective, surtout quand l'exercice fut une maïeutique longue et approfondie avec tous les acteurs et responsables, contribue à éclairer la décision, mais ne la remplace jamais.

Anecdotes

Comment utiliser la prospective comme un « outil » efficace qui respecte la liberté du commanditaire

Je me suis souvent aperçu à la fin d'un exercice prospectif que :

- *soit le commanditaire savait très bien ce qu'il voulait avant l'exercice et ne le considérait, faute de temps personnel à y consacrer et de goût pour ce qu'il considérait comme des « spéculations », guère utiles pour lui-même, mais que la maïeutique de la prospective nourrissait le débat d'une assemblée un peu assoupie, formait ses collaborateurs à la « stratégie » et faisait taire (ou « occupait ») l'opposition ou du moins lui prouvait qu'il « jouait le jeu » d'un exercice démocratique, où elle avait (ou pourrait avoir le moment venu) sa place. Mais surtout les synthèses de l'exercice nourrissaient de fait sa propre réflexion. Que de fois n'ai-je pas trouvé dans les interviews du Prince dans la presse locale des mots, des expressions, des citations ou même des « éléments de langage », directement issus de nos groupes de travail prospectifs.*
- *soit le commanditaire, parce qu'il ne s'intéressait guère à l'avenir de son entreprise ou de son territoire, **prêtait au consultant un pouvoir qu'il n'avait pas : imaginer l'avenir « en grand »** de son « groupe industriel », de sa ville, de sa région ou du pays lui-même. Mais cette image du futur lui permettait d'afficher vis à vis de l'opinion qu'il avait un « projet d'avenir », sérieux, ambitieux, fort et argumenté, avec l'aide « d'un consultant de haut vol »... quitte à faire autre chose ou même tout autrement.*
- *soit enfin l'exercice servait de « leurre » pour le commanditaire, sous la pression de ses adversaires du moment (ou du préfet qui l'obligeait, conformément aux instructions ministérielles, à réaliser un « plan » ou du moins un « schéma », comme c'était alors la mode). L'exercice prospectif devenait alors une sorte de* « storytelling »*, **une « histoire des futurs possibles » ou même une « vision »**, issue de « dires d'experts » (venus de Paris !), comme ceux que l'on raconte à la télévision ou dans les magazines, et qui sont dits « confidentiels », mais que le*

« patron » pouvait utiliser, contester ou nier à tout moment, décidant de ne pas « prendre au sérieux » ces « projets », considérés par lui comme des « dessins d'artistes »... et faire tout autre chose, ou la même chose, mais différemment ou plus tard ou même de s'en aller.

La décision, et encore plus le déclenchement de l'action opérationnelle, contrairement à l'exercice prospectif, engage l'avenir de façon **irréversible, politiquement et financièrement**. Elle est de plus toujours prise par le leader seul, dans la vie des affaires, comme dans l'art et la politique, certes après quelques avis mais sans concertation, discussion ou controverse, et toujours dans le secret le plus absolu. Se porter candidat à l'élection présidentielle, s'engager à « déclarer la guerre » à un pays étranger, à peindre « Guernica » ou « Le radeau de la méduse », à mettre en scène et jouer « Dom Juan » dans la cour d'honneur du Palais des Papes, à vendre ou acheter une entreprise du CAC 40, à démissionner ou « rempiler » etc. est une décision que l'on ne joue pas aux dés, mais après des mois de réflexion, de consultations et d'« exercices prospectifs ». Ainsi un PDG, en cas de décision lourde, ne demande pas son avis à son Conseil d'administration mais l'informe, ou lui soumet sa décision, mais « pour la forme »... ou se fait limoger par lui !

« L'avenir est moins à découvrir qu'à inventer » disait Gaston Berger. Il faut aller plus loin : pour certains l'avenir n'est pas seulement à inventer ; il est à « faire ». Certes, mais le prospectiviste à ce moment là doit se retirer, avant même la définition du « projet » et surtout de sa mise en ouvre selon une « stratégie ». Car décider d'un « projet » est d'un autre ordre, politique, éthique et personnel, qui requiert une analyse des forces en présence et des moyens disponibles, mais surtout une volonté, une « vision » et le « pouvoir » d'engager l'avenir. Or l'exercice prospectif n'est selon moi qu'un exercice intellectuel, momentané et réversible, qui peut être suspendu ou interrompu à tous moments (comme le fait le maire dans le film « Alice et le maire », qui interrompt l'exercice « Lyon 2500 »). Aller au delà n'est plus de la prospective, car c'est prendre la place du « maître de l'ouvrage », de celui qui va rassembler les moyens, négocier les autorisations nécessaires, payer et décider de « signer »... et qui va risquer à terme de perde ou de gagner, ou même de ne rien faire, ou de s'enfuir !

Passer du scénario au projet puis au choix de la stratégie et à sa mise en œuvre, est donc pour le prospectiviste une usurpation de son pouvoir, une faute. Dans la même logique et pour les mêmes raison, Hugues de Jouvenel, dans la conclusion de son ouvrage « Invitation à la prospective » écrit : « En définitive, lorsque viendra le moment de choisir (...), ce ne sera pas au prospectiviste de choisir ou de dicter « la bonne solution », donc peu ou prou d'imposer son « pouvoir », ce qui est parfois tentant.. Ce sera au décideur de faire son métier, qui (...) exigera une prise de risque. L'assumer est sa dignité »

« Une autre France est-elle possible ? », couverture du no 3596 de Télérama (15 au 21 décembre 2018). Ma réponse est oui.

Ce que j'ai essayé de faire comprendre dans ce livre c'est que, bien au delà du « projet » et avant et après lui, ce qui est attendu du prospectiviste c'est qu'il propose aux hommes de ce temps les outils, les expériences et les méthodes pour construire « brique » par « brique », autant qu'il est possible, le futur qu'ils veulent et pas seulement qu'ils souhaitent, et qu'il s'engage à l'aider à concrétiser ce projet sur la base des « futurs possibles », souhaitables et réalistes qu'il proposera. Il ne s'agit pas en effet pour le prospectiviste d'imaginer, d'annoncer, de promettre, ni même d'espérer, et encore moins de mettre « en marche » des « marcheurs » (?) (pour « changer le monde » ou conquérir le pouvoir suprême ?), mais de proposer au « maître de l'ouvrage » un choix de futurs réalistes et fondés sur la durée, les cheminements et ruptures possibles et les suggestions pour les affronter ou les contourner. Au maître de l'ouvrage – à ce moment là - de définir d'abord son « projet », puis de décider de le construire ou pas de ses mains, seul ou avec d'autres.

Anecdote

Résistance ou renaissance ?

En rentrant du Musée de la Renaissance d'Ecouen (Val d'Oise) au cours de l'hiver 2020, je me suis dit : « Pourquoi ne serions nous pas, contrairement aux dires très savants des « prophètes fatigués » et des prédicateurs d'apocalypses, au seuil d'une nouvelle renaissance intellectuelle, artistique, scientifique, politique et économique en France... comme ce fut le cas en Europe il y a six siècles et qui éblouit le monde, le sortant du Moyen Age ? Pourquoi n'y aurait-il pas dans les années qui viennent de nouveaux Princes, et de nouveaux écrivains, scientifiques, philosophes, peintres, explorateurs, architectes, industriels et banquiers, qui pourraient entraîner le monde de nos jeunes gens, pleins de talents et d'envies, dont certains s'impatientent et s'irritent faute d'entendre de nouveaux prophètes. Ne faudrait-il pas seulement résister aux « bonnets rouges », « gilets jaunes » et autres « insoumis - qui envoutent et fascinent l'opinion - pour leur interdire d'accuser sans vergogne un passé englouti à jamais et seulement maudire un présent qu'ils exècrent. Je leur propose plutôt d'examiner les « signaux faibles » des nouvelles initiatives et créations qui annoncent et expérimentent une « nouvelle renaissance », comme ce fut déjà le cas – sans prévenir qui que ce soit - il y a six siècles exactement en Europe.

Cher lecteur imprudent, qui eut le courage de parvenir jusqu'au bout de cette «éloge de la prospective», voici pour conclure un vœu. J'ai décidé en sortant du musée d'écrire «2050. Vers l'âge d'or». A cette date, mes petits enfants auront alors entre 40 et 50 ans.

Leur génération n'a pas peur de l'avenir et je m'en réjouis. Je voudrais vous convaincre que dans cette période de turbulence, d'autres, et parmi les plus grands, renient le pessimisme délétère et convenu de notre génération. Quant à moi je ne suis guère «prophète» - il m'est arrivé de me tromper - mais je n'exclus pas des temps heureux, et même que nous soyons à l'aube non peut-être d'un nouvel« âge d'or» mais en tout d'une nouvelle « renaissance». Je ne suis ni devin ni gourou, mais acharné depuis longtemps non à deviner l'avenir mais à transmettre aux inquiets quelques éléments de méthode d'élaboration par eux-mêmes des futurs possibles « brique par brique», méthodes qui parfois m'ont permis de penser juste, attentif aux avant-gardes.

Paris-Saint Malo-Mézières–lez-Cléry, décembre 2017, actualisé en septembre 2020.

Cet éloge de la prospective est une succession emboîtée d'histoires vraies (« anecdotes » vécues), de réflexions de l'auteur, de citations de sages et de savants, de dictons et proverbes, et surtout de propositions de méthode prospective, fruits d'un travail constant de l'auteur pour des publics variés, depuis un demi-siècle, en France et à l'étranger. Il sera complété prochainement par le recueil, intitulé « Le futur en bref », avec la collaboration d'Hugues de Jouvenel et jadis Serge Antoine, de plus de 500 textes courts, aphorismes et citations des plus grands spécialistes du futur : écrivains, hommes politiques, philosophes, savants, poètes et artistes du monde entier, de Cicéron à René Char, du Canada à l'Afghanistan, et des romanciers aux prophètes.

Jacques de Courson, docteur ès-sciences économiques et ancien élève de l'Institut d'Urbanisme de Paris, fut directeur d'études au ministère de l'Équipement, directeur adjoint de l'Agence d'Urbanisme de Lyon, consultant chez Ten puis Algoé, chargé de cours à l'Institut d'urbanisme de Paris, à l'Université Lyon II et à l'École nationale des Ponts et Chaussés, intervenant à Futuribles, à St Denis de la Réunion avec Hugues de Jouvenel, au Centre National de Formation Professionnel d'Angers, à L'École des Techniciens Municipaux d'Addis-Abeba (Éthiopie), auprès du Gouvernement du Québec, de l'Université de Lausanne et de l'Institut Jules Destrée (Namur, Belgique) et « professeur invité » aux Universités de Sao Paulo et Curitiba (Brésil). Il est l'auteur de trente livres et d'une centaine d'articles, membre fondateur de la Société Française de Prospective (SFdP) et président-fondateur de l'ONG Urbanistes du Monde (UdM). Il a travaillé, enseigné, cherché et débattu aux côtés des plus grands spécialistes de la prospective, en particulier en France, en Belgique, au Brésil, en Uruguay, en Afghanistan, en Tunisie, au Maroc et au Canada. Ce livre a bénéficié des apports de François Rousseau, sociologue, consultant et administrateur de la Société Française de Prospective.

Jean-Pierre Raffarin, Jean-Louis Guigou, Paul Thibaud, Hugues de Jouvenel, Jean-Éric Aubert, Nazaire Diatta et Catherine de Courson, que je remercie chaleureusement et personnellement, furent de vigilants critiques de la version initiale. Mais ce texte n'engage naturellement que l'auteur.

TABLE DES MATIÈRES

Du même auteur

Jacques de Courson

- *« Les comptes économiques de villes »*, Éditions Cujas, Centre d'Étude des Techniques Économiques Modernes, Rémy Prud'homme éd., Paris, 1973 (en collaboration)
- *« Parques technologicos e meio urbano »*, ANPROTEC e SEBRAE, Curitiba (Brésil), 1994, en collaboration et en portugais
- *« La Prospective des territoires »*, Éditions du Certu, ministère de l'Équipement, Lyon, 1999
- *« Les Élus locaux »*, Éditions d'organisation, Paris, 2000 (à la mémoire de Richard de Courson, maire de Mézières-lez-Cléry et conseiller général de Cléry-Saint André)
- *« Brésil des villes »*, L'Harmattan, Paris, 2003, en hommage à Margarida Bulhoes Pereira Genevoix)
- *« L'Appétit du futur, voyage au cœur de la prospective »*, Éditions Charles Leopold Mayer, Paris/Lausanne, 2005
- *« Le Goût du pouvoir »*, L'Harmattan, Paris, 2008, pour Catherine de Courson
- *« Quizz pour conduire un exercice de prospective territoriale »*, Éditions du Certu, ministère de l'Écologie, Lyon/Paris, 2008 (avec Fabienne Goux-Baudiment et Ghislaine Soulet)
- *« Zanzibar. 52 histoires pour après-demain »*, L'Harmattan, Paris, 2011
- *« Le Tour de la France à bicyclette. Traité de cyclo-paysagisme »*, inédit, 2013, avec Catherine de Courson (en hommage à Philippe Avron, comédien, auteur et cycliste)
- *« Journal de Sao Paulo. Cinquante années d'écriture sur le Brésil »*, inédit, 2013 puis 2020, en hommage à Fernando Henrique Cardoso
- *« Futur des territoires. Hommage à Guy Loinger »*, L'Harmattan, Paris, 2013 (en collaboration)

- *« A la découverte du Brésil. Le progrès dans le désordre »*, Éditions Antoine Del Busso, Montréal, 2014, diffusé en France par Sodis/Gallimard, 2015 (avec André Joyal et Luciana Vargas Netto Oliveira)
- *« L'amitié demain ? »* Essai, Les Éditions Kawa, 74290 Bluffy, 2015
- *« Urbaniste. Qui sont-ils ? Que font-ils ? »* Les Éditions du Net, 2015 (e-book)
- *« Le futur c'est quoi ? Introduction à la prospective pour les enfants »*. Inédit, 2016
- *« Après Babel. Une nouvelle ville est possible et Portrait de trois villes brésiliennes : Rio, Sao Paulo et Brasilia »*. Scénarios pour la télévision, 2016
- *« Quatre amis plus une »*, roman, suivi de *« Notes sur l'amitié contemporaine »*, inédit, 2018, édité en co-production par cinq amis
- *« Oh ! Méditerranée »*, récit, inédit, 2019 (avec Catherine et Monique de Courson)
- *« Un officier - diplomate entre deux guerres »* Biographie de Richard de Courson. 1878-1961, inédit, 2019 (version courte, version longue illustrée et script pour la scène)
- *« Le zouave du pont de l'Alma »*, 43 nouvelles, inédit, 2020
- *« 2050. Vers l'âge d'or »*, inédit, 2020 (adresse au président de la République française)
- *« Histoire de Victor »*, roman, inédit, 2020
- *« Mémoires à l'envers. Essai d'égo-uchronie»*, inédit, 2020

Et une centaine d'articles sur la prospective, le Brésil, les élus locaux et l'urbanisme. Publiés en France, au Japon et au Canada.

Structures éditoriales du groupe L'Harmattan

L'Harmattan Italie
Via degli Artisti, 15
10124 Torino
harmattan.italia@gmail.com

L'Harmattan Hongrie
Kossuth l. u. 14-16.
1053 Budapest
harmattan@harmattan.hu

L'Harmattan Sénégal
10 VDN en face Mermoz
BP 45034 Dakar-Fann
senharmattan@gmail.com

L'Harmattan Cameroun
TSINGA/FECAFOOT
BP 11486 Yaoundé
inkoukam@gmail.com

L'Harmattan Burkina Faso
Achille Somé – tengnule@hotmail.fr

L'Harmattan Guinée
Almamya, rue KA 028 OKB Agency
BP 3470 Conakry
harmattanguinee@yahoo.fr

L'Harmattan RDC
185, avenue Nyangwe
Commune de Lingwala – Kinshasa
matangilamusadila@yahoo.fr

L'Harmattan Congo
67, boulevard Denis-Sassou-N'Guesso
BP 2874 Brazzaville
harmattan.congo@yahoo.fr

L'Harmattan Mali
ACI 2000 - Immeuble Mgr Jean Marie Cisse
Bureau 10
BP 145 Bamako-Mali
mali@harmattan.fr

L'Harmattan Togo
Djidjole – Lomé
Maison Amela
face EPP BATOME
ddamela@aol.com

L'Harmattan Côte d'Ivoire
Résidence Karl – Cité des Arts
Abidjan-Cocody
03 BP 1588 Abidjan
espace_harmattan.ci@hotmail.fr

Nos librairies en France

Librairie internationale
16, rue des Écoles
75005 Paris
librairie.internationale@harmattan.fr
01 40 46 79 11
www.librairieharmattan.com

Librairie des savoirs
21, rue des Écoles
75005 Paris
librairie.sh@harmattan.fr
01 46 34 13 71
www.librairieharmattansh.com

Librairie Le Lucernaire
53, rue Notre-Dame-des-Champs
75006 Paris
librairie@lucernaire.fr
01 42 22 67 13

www.ingramcontent.com/pod-product-compliance
Lightning Source LLC
LaVergne TN
LVHW011032061026
849535LV00006B/2070